LA CONEXIÓN KABBALÍSTICA

© 2010 The Kabbalah Centre International, Inc.

Kabbalah Publishing es una compañía registrada que comercia como The Kabbalah Centre International, Inc.

Para más información:

The Kabbalah Centre
155 E. 48th St., New York, NY 10017
1062 S. Robertson Blvd., Los Angeles, CA 90035
1.800.Kabbalah www.kabbalah.com/espanol

Edición revisada en inglés, julio de 2009
Primera edición en español, agosto de 2010
Impreso en Canadá

ISBN13: 978-1-57189-705-3

Diseño: HL Design (Hyun Min Lee) www.hldesignco.com

LA CONEXIÓN KABBALÍSTICA

CÓMO PREPARAR EL ALMA PARA PÉSAJ

KABBALAH
PUBLISHING

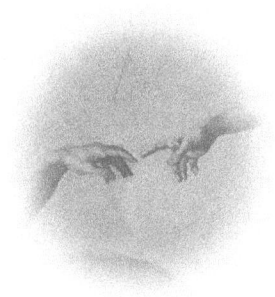

KABBALISTA RAV BERG

AGRADECIMIENTO

Quisiera expresar mi profundo agradecimiento por la ayuda y el consejo que me ha dado mi esposa librana, Karen, quien se entregó con balanceado juicio y pacientemente editó, criticó y mecanografió el manuscrito. Sin su estímulo y fe, este libro pudo haber permanecido como otro sueño de un Leo.

ÍNDICE

INTRODUCCIÓN

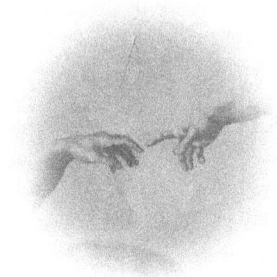

"*El Señor está cerca de aquellos que lo invocan sinceramente". (Salmos 145:18)*

Lee esta línea cien veces. Medita en ella, debátela, tállala en granito. Sin una comprensión verdadera de lo que significa la palabra clave "sinceramente", no tendrás ni la más remota idea de la verdad que transmite. Y si somos capaces de involucrar la palabra de Dios en un cortocircuito mental como este, ¿qué haremos con nuestras propias oraciones?

En hebreo, la palabra "sinceramente" equivale a *emet*, mejor traducido como "verdad". Pero se exprese como se exprese este término clave, el *Zóhar*, en *Haazinu* 51:210, pregunta cuál es el significado exacto de este versículo. ¿Implica simplemente que uno no debe invocar al Señor con falsedad? Sin duda es algo tan obvio que no necesita ser dicho. La significancia de *emet*, según el *Zóhar*, es simplemente que uno debe ser consciente de la verdad, del verdadero significado de sus plegarias.

Podemos conocer la forma de las palabras —la

fórmula, por así decirlo—, ¿pero cuánto sabemos sobre el propósito de la oración? ¿Entendemos la *kavaná*, o meditación, que debe inyectarse en cada rezo y en cada *mitzvá* (acción positiva)? Si queremos invocar al Señor "sinceramente", debemos saber estas cosas, y debemos saberlas bien.

Lo mismo es applicable al toque del *Shofar* en Rosh Hashaná, tras el cual decimos: *"Ashrei haam yodea teruá"*, (*Salmos*, 89:16), o "Felices (alabados) son aquellos que conocen la llamada de la trompeta". El *Zóhar*, en *Pinjás* 59:361, pregunta por qué esta bendición no se expresa como "felices son aquellos que oyen la llamada de la trompeta", pues es al oír la voz del *Shofar* cuando recitamos la bendición.

De nuevo, lo que importa es la palabra clave. El uso de *yodea* nos dice que sólo con escuchar no es suficiente; debemos también ser conscientes de las razones por las cuales el *Shofar* suena. Por eso se nos dice que conozcamos y no sólo escuchemos.

El Baal Shem Tov, quien fundó el movimiento Jasídico, convirtió en una práctica habitual el dirigirse a su congregación después de las oraciones de la mañana saludándoles con un *"shalom"*. La *Halajá* (la ley) decreta que uno debe saludar con un *"shalom"* a un amigo sólo si no lo ha visto hace al menos tres días. Por eso un miembro de la congregación decidió preguntar al Baal Shem Tov por qué les saludaba con un *"shalom"* cada mañana.

"Mi familia ha vivido en este pueblo durante cuatro generaciones, le dijo al rabino. "Nunca viajamos, no salimos del pueblo y cada día venimos aquí a rezar, ¿por qué siempre que nos ves nos saludas con un *"shalom"*?

El Baal Shem Tov sonrió mientras sacudía su cabeza. "Dices que estás aquí todo el tiempo, Yankel, ¿pero dónde estás en realidad cuándo rezas: aquí en la sinagoga o en algún otro lugar, preocupándote sobre tus asuntos privados? Desde mi punto de vista, parece que nunca estás aquí. No te he visto por un largo tiempo, por eso te saludé con un '*shalom*'".

Este libro ha sido recopilado para todos aquellos que, además de requerir un *"shalom"* a diario, quieran entender el verdadero significado de la Pascua (*Pésaj*), así como los rezos y las conexiones. No nos ocuparemos de los "qué" de la observancia. La estructura y los detalles han sido elaborados con base en la Torá (Biblia) y a los comentarios de los sabios de bendita memoria. En su lugar, este libro se ocupará de los "porqués": por qué celebramos una festividad en un día concreto, por qué ofrecemos rezos en un momento específico, por qué comemos alimentos especiales en ciertas ocasiones y ayunamos en otras. Con ese propósito, se asume que el lector no sólo está familiarizado con los detalles de la observancia, sino que también posee un conocimiento básico de la terminología de la Kabbalah y los conceptos discutidos en nuestros libros previos, tales como *Entrance to the Zohar* (Introducción al *Zóhar*), An *Entrance to the Tree of Life* (Una introducción al Árbol de la Vida) y *Kabbalah for the Layman* (Iniciación a la Kabbalah). Sin embargo, antes de continuar con esta introducción, puede resultar útil revisar brevemente la estructura básica del universo tal como se revela en el *Zóhar*.

Antes que nada, debemos entender que Dios, la Fuente de toda la energía, es bueno y que el único propósito de la Creación es permitirle a Él que nos otorgue Sus bendiciones. Él creó el *Deseo de recibir* y lo infundió en nuestro interior para poder compartir Su beneficencia. Pero nosotros, como resultado de nuestra habilidad para compartir bendiciones que no nos hemos ganado, causamos una restricción (*tzimtzum*). Impulsados por la Ley Universal del *Pan de la Vergüenza*, que se discute con detalle en los libros mencionados en el párrafo anterior, nos retiramos de la fuente de Su Bondad.

La Biblia revela la estructura total y completa del universo desde su principio hasta su final. Nos muestra cómo podemos vencer la restricción que hemos causado y cómo, al hacerlo, alcanzamos la realización completa del *Deseo de recibir*, que es el único propósito y fin de nuestra creación.

Pero si la Biblia es ciertamente un mapa detallado del universo y del lugar que ocupamos en él, ¿por qué parece ser mayormente irrelevante para nuestra vida actual? ¿Cómo afecta, por ejemplo, el capítulo de *Mishpatim* en la vida de los hombres de negocios, maestros y amas de casa, cuando aparentemente trata sobre normas y regulaciones agrarias? ¿Nos afecta la Torá (si ciertamente nos afecta en absoluto) sólo cuando nos encontramos en una sinagoga? ¿Es meramente la Torá una bella pieza de literatura, relevante para un grupo de ex esclavos que vivieron en el desierto hace unos miles de años pero irrelevante para nuestras vidas y decisiones actuales?

Es a causa de tales preguntas —preguntas planteadas tanto por judíos como por no judíos— que publicamos estos libros, con el fin de reestablecer la Biblia como un código para la vida y de restaurar el propósito original de la Biblia: servir como medio para realizar nuestro *Deseo de recibir* individual.

Pero la Biblia es mucho más que un simple código para la vida. Es la fuente de la vida en sí misma, desde cualquier punto de vista que podamos tener, ya sea médico, psicológico, espiritual o práctico. Si uno visita a un médico y éste le prescribe una medicación específica, se entiende que a menos que se sigan las instrucciones del médico, la condición que se está tratando no mejorará y, de hecho, probablemente empeorará. Lo mismo sucede con la Biblia. Hasta que la humanidad no esté totalmente convencida de que la Biblia es la fuente y la guía para la vida en la salud y en la enfermedad, y que sin ella podemos anticipar problemas en nuestra vida diaria, el resultado será la discordia. Hasta que no nos demos cuenta de que el hombre, y sólo el hombre, puede traer la armonía al universo —reconciliando los aspectos de bueno y malo, positivo y negativo— la discordia seguirá siendo la norma.

Por muy bello que esté construido un violín, si el que lo toca no conoce las reglas y las técnicas que este instrumento demanda, el sonido que emitirá será de todo menos música. La única misión de la Biblia es enseñar a la humanidad cómo tocar las cuerdas de este universo, para que podamos crear un sonido bello y armonioso. No puede haber coerción en este asunto: la elección entre unirse a la Biblia o alejarse de ella debe llevarse a cabo por cada uno de nosotros con base en los méritos que veamos que derivan de tales elecciones. La libertad de elección es absolutamente esencial si queremos superar la ya mencionada Ley Universal del *Pan de la Vergüenza*, según la cual elegimos renunciar a las bendiciones de Dios y, por lo tanto, debemos ahora elegir recibirlas de nuevo. Si acudimos al *Zóhar*, en la sección de *Jayei Sará*, leemos:

Reflexionemos por unos instantes. Cuán digna de elogio y de méritos es Israel, pues el Señor les ha dado la Torá. Y el propósito del Señor es darles la Torá para que puedan entender y conocer los caminos ocultos del universo y, a través del Zóhar, *revelar los secretos Divinos y Superiores al hombre.*

El *Zóhar* afirma aquí, tal como lo hace continuamente, que el mundo de los cinco sentidos no es el mundo de características fundamentales. Podemos observar el mundo a nuestro alrededor. Podemos oírlo, verlo, olerlo y saborearlo; podemos medirlo, inspeccionarlo y diseccionarlo; podemos someterlo a todas las herramientas y técnicas científicas y tecnológicas. Pero aun así seguiremos sin conocer su esencia, pues ésta se encuentra oculta.

Para encontrar y entender la raíz de un fenómeno —su significado y relevancia eternos e inmutables —debemos acudir al *Zóhar*. La raíz, según la Kabbalah, viene representada por la *Sefirá* llamada *Kéter* (Corona). *Kéter* aparece bajo infinitas formas de manifestación. Las manifestaciones pueden variar, pero el concepto de *Kéter* en sí mismo nunca cambia. *Kéter* puede entenderse desde muchos niveles y puede utilizarse para relacionar muchos aspectos del universo, pero hay una unidad subyacente de significado que debe entenderse siempre que aparece.

Najmánides (Rav Moshé ben Najmán, 1194- 1270), también llamado El Rambán, dice en el *Sefer Yetsirá* (El Libro de la Formación):

> *No hay una sola sustancia en el mundo, ya sea una que experimentamos a través de los sentidos o una que percibimos a través de la mente, que no esté comprendida o contenida en el creador, o el origen, o lo que es lo mismo, la "semilla". Distinguimos la sabiduría como un elemento que es diferente del gusto. En la gama de sabores que existe entre lo dulce y lo amargo, encontramos aún mayor diversidad. De forma similar, el perpetrador de un acto se separa del acto en sí mismo. En el nivel de la raíz, no existe tal discriminación. En el nivel de la raíz, todo está unificado dentro de la luz original. Todas las acciones varias dentro del marco de la fuente revierten a una fase de unidad. El observador y lo observado, el objeto y el sujeto, no*

sólo son inseparables, sino que también se vuelven indiscernibles.

Este tema tan sutil se vuelve más aparente en el nivel atómico, y aún más a medida que los físicos se adentran en el reino de las partículas subatómicas. ¿No está el físico penetrando y aproximándose a las capas internas que están cerca del nivel de la semilla? Probablemente una de las revelaciones más importantes de la física moderna sea la teoría de la relatividad cuántica, la cual afirma que "la interconexión de todo el universo es la realidad fundamental" y que "las partes que se comportan de manera relativamente independiente son meras formas particulares y contingentes dentro del todo".

Volviendo a la analogía de la semilla, las manifestaciones de la semilla —raíz, tronco, rama, etc.— aparecen ante nuestros ojos como partes separadas pero interconectadas del árbol, sin embargo todas ellas aparecen dentro de la semilla como un entrelazado cósmico unificado e interconectado. En el nivel atómico, la teoría cuántica nos compele a ver el universo, no como una colección de objetos desconectados y no relacionados entre sí, sino como segmentos conectados y relacionados que conforman el todo unificado. Sería lo mismo que observar el pie de un ser humano como algo desconectado y no relacionado con el corazón. Así, por ejemplo, cuando más adelante en el presente libro abordemos una discusión más detalla sobre la *matzá* (pan ácimo) y su relación con el hombre, debemos tener en cuenta, a la luz de lo discutido previamente, que mientras el ser humano y la *matzá* parecen tener poco en común, ambos objetos materiales, en el nivel atómico, se funden en un todo unificado.

Ninguna de las asociaciones que se realizan en el *Zóhar*, ya sean físicas o metafísicas, han sido elegidas al azar para facilitar la transmisión de ideas entre las personas o para ayudarlas en su comprensión. Tales asociaciones arrojan Luz sobre la manifestación interna que yace escondida, oculta a la simple vista y la inteligencia innata de nuestra mente. Por lo tanto, cuando hablamos de la *Sefirá* de *Kéter*, debemos visualizar a un rey, a un individuo normal que está apartado del resto y cuya separación y elevación se hace manifiesta a través de su corona. La corona se puede quitar, pero mientras forme parte de la cabeza del rey, le distinguirá del resto de los hombres. Sin embargo, la corona lo vincula al mismo tiempo con el concepto de "hombre" que podemos ver ante nuestros ojos. Igual que todos nosotros, y ciertamente igual que cualquier otro acontecimiento y acción en este prosaico mundo físico, el rey es una *manifestación* de un aspecto metafísico, pero no es *idéntico* a ese aspecto. Si deseamos aprender sobre ese aspecto, claramente debemos buscar algo más que la mera manifestación del rey.

La *Sefirá* de *Kéter* es como la semilla de un manzano. La semilla es el principio del manzano y, como tal, contiene todos los aspectos del manzano: semillas, tronco, ramas, hojas, flores y frutos. Sin embargo, la semilla en sí misma también está contenida en el manzano. La semilla precede al fruto, y sin embargo está presente en el momento de la maduración como el inicio de una nueva fuerza.

Por consiguiente, cuando vemos la semilla antes de plantarla, la entendemos y nos referimos a ella como el principio y la iniciadora del árbol que consecuentemente se originará. Sin embargo, si cambiamos nuestro marco de referencia a un punto más cercano a la conclusión de esta manifestación —llamado "el árbol" — nos confrontaremos con el mismo fenómeno que experimentamos al inicio, es decir, con "la semilla". Lo que contemplamos al principio (la semilla) está ahora contenida en lo último (el fruto del árbol), y viceversa. Las formas infinitas de las diversas manifestaciones que observamos en nuestro universo todavía contienen una unidad subyacente que no cambia nunca. Entre la sabiduría y el gusto, amargo y dulce, esta fuerza unificadora fundamental está siempre presente en su aspecto inmutable. En la Kabbalah, esta fuerza unificadora se conoce como la *Sefirá* de *Kéter*.

La existencia de fuerzas y entidades metafísicas, tales como aquellas que se han discutido en relación a la *Sefirá* de *Kéter*, no deben resultar difíciles de comprender, a pesar de que no forme parte de su naturaleza el ser perceptibles para nuestros sentidos físicos.

Todos estamos familiarizados con la fuerza llamada electricidad, cuya existencia deducimos a partir de diversas manifestaciones que está sujetas a ciertas reglas. Sin embargo, no conocemos la verdadera naturaleza de la electricidad. Observamos sus efectos: luz, calor, fuerza motriz, etc., y seguimos las reglas para crear circuitos eléctricos y evitar sobrecargas. No obstante, hay un aspecto "oculto", como ocurre con todas las *Sefirot*, que no podemos deducir a través de nuestra mera observación de los efectos de la electricidad, sin importar lo precisa y detallada que esa observación pueda ser.

Con esto en mente, estamos en posición de entender de forma más completa el pasaje que aparece en *Génesis* 1:5, donde se lee: *Vayejí erev vayejí boker yom ejad* (Y llamó Dios a la luz día, y a las tinieblas llamó noche; y fue la tarde y la mañana un día). Los días posteriores de la Creación reciben el nombre de *yom sheiní* (segundo día), *yom shlishí* (tercer día), etc. ¿Por qué, entonces, el primer día recibe el nombre de *yom ejad*, "un día", y no "primer día", tal como sería de esperar?

El *Zóhar* nos dice que lo que se creó realmente en aquel primer día de la Creación fue la *Sefirá* de *Jésed* o misericordia. *Jésed* es la *Sefirá* más elevada de las siete que gobiernan este mundo físico, y todas las subsiguientes manifestaciones físicas están incluidas dentro de la *Sefirá* de *Jésed*. Las siete *Sefirot* son: *Jésed* (Misericordia), *Guevurá* (Juicio), *Tiféret* (Belleza), *Nétsaj* (Resistencia duradera), *Jod* (Majestuosidad), *Yesod* (Fundación) y *Maljut* (Reino). Las tres superiores de las *Diez Sefirot* — *Kéter* (Corona), *Jojmá* (Sabiduría) y *Biná* (Inteligencia) — está, por su esencia natural, totalmente oculto a nuestro entendimiento. No nos referimos a ellas en términos relacionados con el mundo ordinario en el que vivimos. No obstante, debido a que todas las subsecuentes manifestaciones físicas están incluidas dentro de la *Sefirá* de *Jésed*, podemos ver por qué este día inicial de la Creación recibe el nombre de *yom ejad* o "un día", y no *yom rishón* o "primer día". Se llama "ejad": una entidad unificada y completa que contiene dentro de ella la semilla de todo lo que está por venir. Dependiendo de cuál sea nuestro marco de referencia, el aspecto de *Jésed* opera de forma similar en el aspecto mundano, así como el aspecto de *Kéter* opera en los Mundos Superiores que están más allá de nuestra percepción. Pasara lo que pasara "un día", debió estar contenido dentro de éste, igual que el fruto y el manzano deben crecer a partir de la semilla.

Sin embargo, la humanidad está gobernada por las limitaciones del tiempo, el espacio y el movimiento. Seguimos siendo mayormente inconscientes de las fuerzas y los poderes invisibles hasta que éstos se vuelven manifiestos en nuestro mundo físico. Si no podemos ver, oír, observar ni medir un fenómeno, tendemos a ignorarlo. Por lo tanto, cuando nos presentan a alguien por primera vez, no podemos decir nada sobre el carácter de esa persona. Esperamos a que hable, comparta opiniones y se mueva. Sólo entonces empezamos a utilizar nuestros poderes de discernimiento, tal como son, para relacionar estos signos externos, que son como las ramas y los tallos del árbol.

Nuestro conocimiento de la persona es, por lo tanto, un proceso de prueba y error que constantemente es revisado, alterado y actualizado para tener en cuenta alguna faceta nueva que se nos ha mostrado. Sin embargo, si acudimos al *Zóhar* en la sección de *Yitró*, podemos encontrar una discusión detallada sobre un conjunto de factores que pueden revelar de forma instantánea la semilla, o verdadera identidad, de la persona en cuestión.

La verdadera identidad de la persona será revelada por factores como la forma de su frente, la naturaleza y el color del cabello, las líneas de las manos y ciertos gestos específicos. Con el conocimiento del *Zóhar*, no tenemos que esperar más a que el árbol florezca y dé sus frutos antes de que podamos afirmar "Ah, esto es un manzano": Podemos identificar el "árbol" humano de inmediato, simplemente mirando a la semilla.

El mismo problema es evidente en el ámbito de la ciencia. La incapacidad de los científicos de observar las causas raíces es el mayor problema que afecta a la ciencia en la actualidad. Aquí hay un ejemplo que puede servir para aclarar este dilema: si un objeto cae en un lago, la observación de las ondas expansivas resultantes nos da la medida de su amplitud y frecuencia, haciendo así posible que adivinemos la medida y el peso del objeto que las ha causado e incluso "cuándo" tuvo lugar el suceso causativo.

Pero nuestras conclusiones faltarán a la verdad porque, una vez más, estamos en la posición de ser forzados a esperar los efectos observables antes de poder aplicar nuestra batería de parafernalia científica. Una vez más, tenemos que recurrir al tiempo, el espacio y el movimiento, igual que un detective reconstruye un suceso a partir de la evidencia que se ha dejado después de un crimen cometido. Nuestra hipótesis, como la del detective, estará condicionada en mayor o menor grado por nuestras ideas preconcebidas, nuestras idiosincrasias y nuestra habilidad limitada de mantener nuestra mente abierta cuando se nos presenta la evidencia.

Estudios recientes sobre el llamado "efecto de la imparcialidad en la experimentación" han mostrado claramente que tendemos a ver sólo aquello que encaja con lo que queremos ver y que poseemos una extraordinaria habilidad para descartar información que requeriría abandonar nuestras ideas preconcebidas.

Se sabe que cada vez que un físico hace una pregunta a la naturaleza a través de algún experimento atómico, la respuesta resultante es invariablemente una paradoja. Estas paradojas, tales como la concerniente a la velocidad de la luz, se han vuelto partes integrantes de la naturaleza intrínseca de la física atómica.

No obstante, las paradojas dentro de los confines de la Kabbalah se resuelven rápidamente, aun aquella concerniente al concepto de la velocidad de la luz, que se halla en los fundamentos del punto de vista mecanicista y subatómico. En *Las Diez Emanaciones Luminosas, Volumen 1*, aparece la siguiente afirmación: "La luz no viaja en absoluto, y por consiguiente no existe tal concepto como 'la velocidad de la luz'. Lo que observamos en realidad cuando pensamos que estamos observando el movimiento de la luz es en realidad el movimiento de las Vasijas o contenedores de la energía almacenada que constituye la Luz. Su movimiento no es nada más que la revelación de Luz potencial que permanece oculta hasta que alguna Vasija la revela. Lo que percibimos es el movimiento continuo de receptáculos con la capacidad de revelar la Luz ya existente que fue previamente ocultada".

Pero dejar a un lado el concepto de "velocidad de la luz" sería equivalente a destruir todo el fundamento de la física y su punto de vista; sin embargo, hasta que los científicos no lo dejen de lado, nunca serán capaces de elevarse por encima del trabajo de investigación de un detective en sus esfuerzos por entender y explicar el cosmos.

La física no es la única ciencia con visión limitada. La obviedad de que una persona tiende a ver sólo aquello que conforma lo que quiere ver también incapacita al astrónomo. La visión del mundo de la astronomía está esencialmente fundada en una combinación de factores nucleares y gravitacionales, y como tal, está fuertemente limitada en lo que se refiere a su capacidad para comprender lo que ocurre en realidad. Debido a que los astrónomos y los astrofísicos trabajan con largas distancias, nunca ven el universo en su estado presente. En su lugar, señalan que la luz tarda ocho minutos en "viajar" desde el Sol a la Tierra. Consecuentemente, según los astrónomos, que se hallan incapacitados por ese principio, en cualquier momento dado vemos el Sol igual que existía hace ocho minutos. Las galaxias, por lo tanto, se observan en cualquier momento dado igual que existieron hace millones de años. Bajo este concepto popular, se requiere mucho examen si queremos entender tan sólo lo que ocurre en cualquier momento dado en nuestro universo, pues el suceso que tiene lugar en el momento presente está oculto.

Además, la sabiduría de la Kabbalah inyecta el elemento del hombre en este bello movimiento del universo, declarando que las acciones de la humanidad en el aquí y el ahora influyen en el movimiento de los planetas y las galaxias. Es el hombre y sólo el hombre quien produce y toca las cuerdas musicales de nuestro espacio-tiempo continuo. Llevado al extremo, este concepto —que las acciones de la humanidad, ya sean constructivas o destructivas, determinan el sonido de la música de nuestro universo— ilustra el dilema que confronta el físico moderno.

El orden establecido por la visión del mundo de la física debe ser dramáticamente alterado para tomar en consideración los pensamientos y las acciones siempre cambiantes del hombre, que desde el punto de vista kabbalístico se considera la causa principal del cambio en nuestro universo. El mismo *Zóhar* insinúa que el hombre es directamente responsable del flujo de energía continuo que produce el baile rítmico de la creación y la destrucción que llena el cosmos.

El *Zóhar* nos dice que no tenemos que ser detectives. No tenemos que esperar a que los acontecimientos nos ocurran mientras interpretamos más o menos intencionadamente el papel de víctimas de las circunstancias. A pesar de cómo parezca influenciarnos nuestra cosmología, con las enseñazas del *Zóhar* podemos llegar a entender que nosotros podemos ser los dueños de nuestro propio destino.

En *Génesis* 15:1, leemos: "Y sacándole afuera, le dijo: 'Mira al cielo, y cuenta las estrellas, si puedes contarlas.' Y le dijo: 'Así será tu descendencia'".

¿Debemos entender de este fragmento que el Señor, en el trascurso de una conversación con Avraham, está meramente pidiéndole que salga afuera y mire las estrellas? El *Zóhar* rechaza una interpretación tan simplista. El *Zóhar* dice que lo que estamos observando es la garantía de Dios a Avraham de que el hombre puede elevarse por encima de la influencia de las estrellas; que mientras que su influencia impulsa, no obliga. Tal como se nos cuenta, Avraham fue uno de los primeros astrólogos de su tiempo y posiblemente el primer astrólogo de la historia. Como tal, naturalmente estudió las estrellas y creyó en la influencia que ejercían sobre la humanidad.

En este versículo, Dios le dice en realidad a Avraham que él puede superar esas influencias; que las estrellas representan una fuerza natural, cada una de ellas con su tarea específica y su forma única de llevar a cabo esa tarea, pero el hombre puede cambiar y redirigir estas fuerzas.

Podemos ver un ejemplo de este fenómeno en el pronóstico del tiempo en Israel. Los meteorólogos afirman que, a diferencia de otros países en los que el tiempo puede predecirse con meses de antelación, no existe un método probado para la previsión a largo plazo en Israel. En el *Talmud Babilónico, Tratado B. Bathra*, tenemos varias descripciones del *avirá beeretz Yisrael* (el aire de Israel). Se nos dice que de la misma forma que Israel es el corazón y el centro del mundo, su atmósfera también es distinta al resto de áreas de la Tierra. En el *Sefer Yetsirá* (El Libro de la Formación), Rav Moses ben Isaac afirma que Jerusalén se considera el centro geográfico y metafísico del país y que el Templo Sagrado es el centro de Jerusalén.

Por lo tanto, debe quedar claro que cualquier pequeño cambio en el "clima espiritual" del centro producirá grandes cambios en la atmósfera circundante, de la misma forma que cuando se lanza una piedra a un lago, las ondas expansivas son más pronunciadas cuanto más cerca están de la fuente del impacto.

Recordemos ahora las palabras que Dios dirige a Avraham. Nosotros, la humanidad, tenemos el potencial de elevarnos por encima de la fuerza de las estrellas y dirigir nuestro curso e influencia. Pero lo contrario también encierra algo de verdad. Si la inclinación al mal o el *Deseo de recibir sólo para uno mismo* predomina en el centro, debemos esperar una reacción proporcionalmente negativa e indeseable en la esfera de la influencia celestial. Cuanto más nos alejamos de nuestro verdadero estudio y entendimiento de la Biblia, más descubriremos que estamos a merced de las influencias cósmicas sobre las cuales no tenemos ningún control, empujados por las mismas fuerzas que Dios nos dijo que teníamos el poder de dominar y de utilizar para nuestros propios fines.

¿Pero con qué fin debemos dirigir estas fuerzas? La respuesta es fácil si recordamos que el propósito de nuestra existencia en este mundano nivel físico es eliminar la Ley Universal del *Pan de la Vergüenza*. Esta es una tarea que sólo puede lograrse restringiendo el Deseo de recibir sólo para uno mismo, o nuestro comportamiento motivado por el ego.

Al final la ciencia se dará cuenta de esto, lo cual supondrá sin duda el inicio de una revolución en la metodología científica. La raíz de todo cambio en cada aspecto de la vida se encuentra en la relación del hombre con su prójimo, y todo cambio es un efecto de esa relación. El *Zóhar* habla de la destrucción final del Armagedón que viene hacia nosotros a través del elemento de las estrellas, los planetas y los *mazalot* (o signos del zodíaco).

Sin embargo, en esta destrucción, estos cuerpos celestiales están meramente llevando a cabo su propósito predestinado: reaccionar a nuestras acciones en la Tierra y al comportamiento entre el hombre y su prójimo, que es la acción a nivel de la raíz.

Además, el *Zóhar* explica que cuando la humanidad, mediante su deseo de conectarse con la Torá, alcance un entendimiento verdadero de la forma en que el universo se relaciona con nuestras acciones, y cuando aprendamos a fluir con la corriente del universo, entonces convertiremos la fuerza de la destrucción, cuya raíz es el

Deseo de recibir sólo para uno mismo, en una fuerza de compartir. Esta fuerza de compartir existirá entonces entre las estrellas, entre los animales e incluso entre los seres humanos. Sin embargo, si un estado de las cosas tan utópico está por venir, está claro que debemos primero darnos cuenta de por qué se nos entregó la Biblia. Esto es lo que el *Zóhar* se propone hacer: decirnos cómo la Biblia revela nuestro propósito, como debemos activar ese propósito, y cómo podemos movernos en concordancia con las fuerzas ocultas pero poderosas que nos rodean.

Se nos cuenta en el *Zóhar*, por ejemplo, que hay ciertos momentos que son destructivos, lo cual significa que en esos meses las fuerzas destructivas son dominantes y que al ser consciente y saber que tales fuerzas son prevalentes, podemos movernos y actuar de tal forma que nos evite convertirnos en sus víctimas.

Saber es la raíz a la que aspiran todos los campos de la ciencia. El "porqué" del cáncer, las enfermedades cardiovasculares y otras enfermedades "incurables" es algo que la ciencia médica persigue con una firme intensidad. Sin embargo, tal como hemos observado, la raíz —en este caso, la raíz de la enfermedad— no yace en la enfermedad en sí misma, ni en ningún otro lugar que pertenezca al plano físico, sino en la esfera de la acción metafísica.

Lamentablemente, las conexiones entre el mundo físico y el metafísico no son fáciles de identificar cuando estamos acostumbrados a construir asociaciones basadas sólo en el mundo físico, es decir, en observaciones a través de nuestros cinco sentidos. Mientras que todo el mundo estaría de acuerdo en que la "raíz" de una enfermedad está presente mucho antes de que aparezcan los primeros síntomas detectables, nos hemos acostumbrado cada vez más en nuestra vida cotidiana a un mundo inmediato e instantáneo. Éxito instantáneo. Comunicación instantánea. Café instantáneo. Nos hemos olvidado de que cuando hablamos de los elementos de las causas raíz que se hallan detrás de los cinco sentidos y más allá del tiempo, el espacio y el movimiento, entonces los efectos pueden no ser tan obvios e instantáneos.

Por ejemplo, una persona puede difundir una calumnia maliciosa, Dios no lo quiera, cuyos resultados pueden tardar en reconocerse en un largo tiempo. Aunque están en un plano físico, estas palabras tienen una afinidad próxima con el mundo metafísico en el que Causa y Efecto no están condicionados por las limitaciones del espacio y el tiempo. Debemos, por lo tanto, buscar la causa raíz de todo el caos —el dolor, el sufrimiento y la muerte— en el reino de lo metafísico.

PRIMERA PARTE

CUERPO Y ALMA

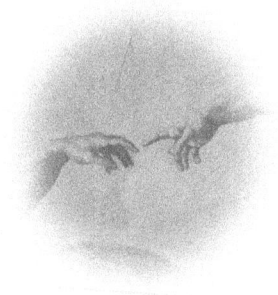

CAPÍTULO UNO

EL MUNDO DE LA METAFÍSICA Y LA FÍSICA

En el *Zóhar*, Rav Shimón bar Yojái presenta la Biblia de tal forma que toda la humanidad pueda empezar a asociar y reconciliar los elementos aparentemente dispares de los mundos físicos y metafísicos que están en sus mentes. Él nos muestra que la Biblia, a través de los símbolos, es representativa de las acciones que tienen lugar en el plano metafísico. Al entender al verdadero significado y relevancia de la Biblia, podemos conectar con el mundo metafísico de fuerzas ocultas, alcanzando así una conciencia pura y cósmica para nosotros mismos. También podemos recibir de este mundo metafísico el conocimiento que necesitamos si queremos "tocar las cuerdas" de este mundo prosaico en armonía, tal como Dios desea.

Todos poseemos en nuestro interior la existencia de instrumentos de detección que son mucho más sutiles que los que utilizan los científicos. Podemos formar opiniones sobre las personas a partir de una base de cantidades ínfimas de información. Experimentamos destellos inexplicables de comprensión. Muchos de nosotros, en algún momento, experimentamos una percepción extra sensorial en nosotros mismos o en los demás, a menudo de una forma potente y posiblemente inquietante. Debemos darnos cuenta de que estas manifestaciones no son de ninguna forma aleatorias ni fortuitas, sino que deben ser interpretadas como indicaciones de que hay un mundo metafísico que existe de forma paralela al mundo físico; un mundo metafísico que de muchas formas es más "real" que el mundo físico con el cual nos gusta pensar que estamos familiarizados. En este libro, esperamos no sólo añadir un grado considerable de claridad a lo que deben ser un conjunto de rituales confusos y carentes de significados para muchas personas, sino además, y más importantemente, mostrar cuán esencial es el conocimiento de la Kabbalah si uno quiere evitar las dificultades de vivir en este mundo físico.

Sin embargo, ni el entendimiento de un ritual, ni el ritual en sí mismo, pueden implicar ni el más mínimo grado de coerción. La coerción no puede estar vinculada a ningún tipo de práctica espiritual. Nuestra capacidad para la libertad de elección nos fue otorgada por Dios, nuestro Creador, para que podamos aprender a superar el *Pan de la Vergüenza*. ¿Quiénes somos, entonces —meros humanos— para decir: "Esto o lo otro es sólo para un grupo selecto de gente"?

El objetivo de este libro es proporcionar al lector una explicación de las diversas variedades de la energía metafísica —energía que espera ser aprovechada y utilizada— y que está disponible para todo el mundo en diferentes momentos.

No necesitamos buscar muy lejos, tomemos como ejemplo el televisor. Celebramos la Pascua (*Pésaj*) el 15° día de *Nisán*. Es relativamente fácil "sintonizarse" con el "programa" de la Pascua en un nivel físico, de la misma forma que es fácil apretar un botón y sintonizar un programa de televisión específico en un día particular. Pero para entender por qué este programa se muestra en ese día en particular y no en otro, y para entender plenamente lo que este programa significa para nosotros en relación a cómo podemos beneficiarnos al verlo, requerimos de información adicional. Esta información no está contenida de forma explícita en la Biblia o en el *Talmud*, y por lo tanto es un poco más difícil de conseguir por motivos que explicaremos en breve. Sin embargo, para continuar con nuestra metáfora de la televisión, podemos decir que la Biblia nos ofrece una revisión del programa con las horas y las fechas, mientras que el *Talmud* nos dice cómo colocar nuestra antena espiritual para lograr la fidelidad máxima en la recepción. La sabiduría de la Kabbalah nos brinda el conocimiento necesario para alcanzar una comprensión más profunda de este programa.

Consideremos los rezos de la mañana como ejemplo. La Biblia nos dice que este programa está disponible para nosotros cada mañana a una hora específica y que el medio a través del cual el programa puede ser recibido es los *Tefilín* (filacterias). Asimismo, el *Talmud* nos explica cómo deben construirse los *Tefilín* si deseamos sintonizarnos con el programa de los rezos matutinos y captar una señal buena y fuerte.

La sabiduría de la Kabbalah revela el significado más profundo del "horario" del programa y explica por qué las filacterias son los cables que debemos utilizar para recibir la señal. Y lo que es más importante, la Kabbalah nos dice lo que se espera que derivemos del programa y por qué debemos atar las filacterias en la manera descrita por los rabinos del *Talmud*; esta es la *kaváná* (meditación) que va en cada una de las diez tiras que se colocan alrededor del brazo izquierdo. Las filacterias no se utilizan meramente para añadir interés al procedimiento; colocar estos cables sería un acto carente de significado a menos que fueran utilizados para transmitir y recibir energía.

Claramente, la Torá es un prerrequisito para este proceso. Sus contenidos se llaman *gufei Torá* (el cuerpo de la Torá) y representan el aspecto físico, que demuestra y revela cómo uno puede crear canales en el nivel físico, pues este es el nivel en el cual existimos. Nuestras acciones son físicas, y nuestra relación con el plano metafísico debe derivar inevitablemente de esa base física. Consecuentemente, todos los preceptos y *mitzvot* (acciones positivas) contenidas en la Torá están descritos en el nivel físico. No son más que los vínculos físicos y cables que debemos instalar con el propósito de establecer la comunicación, de forma que podamos recibir lo que necesitamos y saber cuándo podemos recibirlo.

Pero este es el aspecto físico de la Biblia y nada más. Tal como nos dice el *Zóhar*, si observamos los preceptos de la Biblia y leemos sus historias y sus parábolas sin tener en cuenta los aspectos metafísicos —los pensamientos que deben viajar a lo largo de los cables— entonces la observancia y la lectura son como la paja: totalmente carentes de vida.

CAPÍTULO DOS

EL CUERPO Y ALMA
DE LA TORÁ

Los tres elementos que hemos estado discutiendo —la Torá, el *Talmud* y la Kabbalah— todos nos fueron entregados en el Monte Sinaí. El *Talmud* y la Kabbalah empezaron como la ley oral de la Torá, y en aquel tiempo ambas eran conocidas por todos los Israelitas antes de que se pusieran por escrito, siglos más tarde. Siendo ese el caso, algunos pueden preguntarse por qué es necesario acudir a tres escritos diferentes y discutirlos ahora. La respuesta es obvia. Cuando los tres elementos se entregaron a los Israelitas en el monte Sinaí, representaban un todo unificado, y fue sólo en los años posteriores cuando la gente empezó a olvidarse de la ley oral y el *Talmud* y el *Zóhar* se pusieron por escrito. Es importante destacar que tanto el *Talmud* como el *Zóhar* fueron revelados de forma escrita durante el mismo periodo, en el siglo segundo, alrededor del año 150-200. La Torá física —*gufei Torá*—, desde aquel tiempo, ha sido explicada y ampliada en incontables volúmenes de comentarios, cada uno de los cuales difiere de los otros.

De nuevo, debemos anotar una coincidencia más (un acontecimiento que tiene lugar al mismo tiempo, aunque no sin conexión, contrario a lo que la mayor parte del mundo creería): el *Shulján Aruj* (un código de Leyes Judías) de Rav Yosef Caro, que amplió el alcance del *Mishnei Torá* de Maimonides (una clarificación de la Torá completada en el siglo XIII), apareció a finales del siglo XVI al mismo tiempo que Rav Isaac Luria (el Arí) escribió una interpretación del Árbol de la Vida basada en *Zóhar* previamente oculto y revelado por Rav Moshé de León en España, en el siglo XIII.

Junto con la expansión del trabajo de Maimonides por parte de Rav Caro, encontramos el comentario y la interpretación del *Zóhar* por parte de Rav Cordovero y otros, lo cual es indicativo de los fuertes vínculos metafísicos entre las tres ramas de la Torá, el *Talmud* y la Kabbalah. Luego fue entregada a Rav Isaac Luria para añadir los toques finales a la Kabbalah y posteriormente a Rav Áshlag para tomar el sistema establecido por el Arí, en la obra llamada *Kitvei Arí* (Los escritos del Arí), y presentarlo para nuestro entendimiento de una forma sistemática y unificada.

En nuestra vida somos testigos del resultado de un desprecio generalizado y un abandono de la unidad de la Torá, el *Talmud* y la Kabbalah. Específicamente, lo vemos en la escisión que ha surgido en el judaísmo como resultado del abandono del estudio de la Kabbalah: las razones subyacentes a la observancia, las *mitzvot* y los preceptos. Las tres mayores tendencias en el Judaísmo —

ortodoxos, conservadores y reformistas— han dejado patentes sus diferencias en la *gufei Torá* (la Torá física), y ese solo hecho es indicativo de que el conflicto carece del significado interno y espiritual del aspecto físico. Por lo tanto, los ortodoxos, que mantienen una postura ultraconservadora, sienten que debemos ceñirnos a lo que está escrito, a la letra de la ley. Los conservadores, que se posicionan más hacia el centro del camino, aceptan ciertos cambios y omisiones en el nombre de la modernidad y la indulgencia. Finalmente, la línea de pensamiento de los reformistas ha suprimido una buena parte de lo que consideramos como la *gufei Torá*.

Hay dos explicaciones para esta lamentable escisión dentro del judaísmo: una está basada en el nivel físico, la otra se basa en el reino de lo metafísico. Con respecto a lo anterior, podemos comparar los desacuerdos relativos a la *gufei Torá* con los distintos enfoques de lo material en la ciencia. El aspecto físico de la Torá puede compararse con el universo físico: el mundo observable que forma el contenido de las diferentes ramas del estudio científico. Debido a que cada individuo tiene un *Ratzón Lekabel* (*Deseo de recibir*) distinto y único que constituye su carácter metafísico, dos personas que observan el mismo fenómeno físico lo describirán frecuentemente en términos diametralmente opuestos.

De la misma forma, dos científicos que estudian un problema idéntico pueden crear dos soluciones muy diferentes. Considera la teoría de Euclides relativa a la distancia más corta entre dos puntos y la teoría de la relatividad de Einstein con su concepto del espacio curvado.

Igual que los científicos, los líderes de las tres ramas principales del judaísmo actual interpretan el cuerpo de la Torá según su propio *Deseo de recibir*, así como el *Deseo de Recibir* que encarnan sus congregaciones. Tristemente, mientras que los sabios que presentan comentarios en el *Talmud* —desde Rashi y Rav Tam del *Tosafot* hasta Maimónides y Najmánides— trabajaron y estuvieron en desacuerdo entre ellos en el espíritu de la ciencia pura inspirada por Dios y creyendo totalmente en lo que escribían, el último siglo ha sido testigo de un alejamiento de la santidad de la *Halajá*: un alejamiento de la ciencia pura a favor de la ciencia aplicada que, en este caso, significa conformarse más dócil y fácilmente a la corriente de vida contemporánea judía. Por lo tanto, la realidad de la *gufei Torá* ha sido abandonada, perdida y olvidada. Ya no inquirimos, tal como lo hacían los sabios del *Talmud*, sobre la naturaleza y la estructura de los "cables" de la observancia, esas vías de comunicación físicas con el plano metafísico. En su lugar, nos hemos convertido y obsesionado con la necesidad de adaptar el judaísmo para que encaje con tantos judíos como sea posible. Extrañamente, no existe una diferencia comparable de opinión cuando hablamos de la Kabbalah o de las interpretaciones internas, aunque examinemos las diferencias en el enfoque del *Zóhar* de Rav Moses Cordovero (el Ramak) y Rav Isaac Luria. En el *Kitvei Arí*, una publicación de catorce volúmenes, Rav Jaim a menudo expresa algunas dudas sobre si escuchamos o entendemos al Arí correctamente, pero ni él ni su hijo, Rav Shmuel Vital (que dejó registrada la obra) expresan ninguna opinión que sea contraria a la intención del *Zóhar*.

El segundo aspecto de esta lamentable divergencia interna y disolución del judaísmo es el abandono de las razones esenciales de la Torá. Cuando un rabino reformista declara que ponerse los *Tefilín*, por ejemplo, es una costumbre pasada de moda y arcaica, relevante sólo para un modo de vida religioso y confinado, está claramente ignorando el verdadero significado de los *Tefilín*.

La Kabbalah es una sabiduría universal y no trata sobre conformarse con una forma de vida estricta y religiosa en la que existe la percepción de que si uno quiere ser considerado un judío debe llevar a cabo ciertas tareas y rituales. Al contrario, el objetivo es conectarnos con aquellas fuerzas metafísicas a través de las cuales podemos satisfacer nuestro *Deseo de recibir*. Esta, al fin y al cabo, es la única razón por la que nacimos en este mundo.

Por lo tanto, es una conclusión ineludible que todos los desacuerdos, los cismas y las sectas del judaísmo son el resultado de permanecer en el ámbito de la *gufei Torá*, desvinculados de los verdaderos motivos de la Torá tal como se presentan en el *Zóhar*. Así, parecería que el entendimiento de la Kabbalah representa una fuerza unificadora. En tal capacidad, la Kabbalah es la herramienta que puede romper las barreras que existen en la actualidad entre las personas que se adhieren a las diferentes sectas. El conocimiento que se encuentra en la Kabbalah es un conocimiento estricto en un sentido científico. Nuestras preguntas están relacionadas sólo con la información que se nos ha entregado: ¿esto funciona o no? ¿Está haciendo el tipo de trabajo para el cual fue creado por la Divina Providencia o no?

La Biblia, entendida correctamente, puede satisfacer todas nuestras necesidades, y una vez que se haya alcanzado ese objetivo, las barreras que se han creado entre judíos y judíos, así como entre judíos y no judíos, se derrumbarán. Esto sucederá porque la diversidad —con su confusión, miedo, celos y odio correspondientes— apareció sólo después del *tzimtzum* (restricción). Nuestro objetivo es volver, mediante el agente preparatorio de la Torá, con sus secretos internos revelados a través del *Talmud* y la sabiduría de la Kabbalah, a *Ein Sof* (el Mundo sin fin). *Ein Sof* (el Mundo sin fin) es donde se realiza el *Deseo de recibir*, y por lo tanto no puede haber diversidad.

La disparidad entre el conocimiento verdadero inherente en la Kabbalah y la actitud superficial y equívoca que encontramos en la mayoría del judaísmo contemporáneo está claramente ejemplificada por el término y el concepto de la *Halajá*, que a lo largo de los siglos se ha convertido en "la Ley".

Según se nos cuenta, la *Halajá* es la Ley del judaísmo, y el judío observante se atiene a ella. Sin embargo, tal como explicamos anteriormente, el *Zóhar* enfatiza que no podemos atribuir una interpretación a ninguna palabra al menos que seamos plenamente conocedores del significado literal de dicha palabra. Así que, si pretendemos entender el significado de la palabra hebrea *Halajá*, debemos examinar primero su procedencia. La palabra *Halajá* proviene de *holej*, que significa "ir". ¿Pero qué tiene que ver el concepto de Ley con "ir", o con el movimiento? Si acudimos a la sabiduría de la Kabbalah, la *Halajá* está relacionada con el movimiento —caminos, ondas de existencia— y dentro de las reglas que gobiernan estos aspectos del movimiento, se nos explica cómo sintonizarnos con el movimiento armonioso y grácil del universo. Esta visión de la *Halajá* no tiene su habitual implicación secular de conformidad y sanción. La *Halajá* de atarse los *Tefilín* cada mañana en el brazo izquierdo y alrededor de la cabeza no es una regla impuesta por la Torá para mantener al pueblo judío a raya. Simplemente atestigua el hecho de que durante seis días a la semana los *Tefilín* están sintonizados a los caminos a través de los cuales fluye la energía, y que si nosotros queremos utilizar esa energía, este es el medio a través del cual podemos conectar con ella. La *Halajá*, entendida correctamente, es por tanto descriptiva, más que prescriptiva. Decir que una acción en particular es incorrecta según la *Halajá* no quiere decir que se esté haciendo algo malo, que uno no sea judío observante o que no encaje en la corriente del judaísmo. Simplemente indica que esa acción particular en cuestión no está conectando adecuadamente con el patrón de energía disponible para tal acción. Un hombre que sube por unas escaleras mecánicas que bajan no comete ningún pecado. Él se ha propuesto realizar una tarea, pero mediante la ignorancia de las leyes del movimiento de las escaleras, se encuentra moviéndose contra el camino, en lugar de con él. Sus acciones pueden ser incorrectas en este contexto, pero nuestra respuesta debe ser redirigir, en lugar de censurar.

CAPÍTULO TRES

LA CONEXIÓN METAFÍSICA

Llegados a este punto, el lector puede preguntarse justificadamente cómo nosotros, que vivimos en un mundo gobernado por las limitaciones físicas y confinado por las barreras del proceso físico de comunicación, podemos llegar a sintonizarnos con los canales metafísicos de comunicación que nos proporciona la Torá. ¿Cómo podemos lograr el objetivo de transformar nuestro *Deseo de recibir*?

Como ya hemos dicho aquí, y en otras ocasiones, el propósito de la ceremonia ritual y de otros preceptos es provocar el Deseo de Impartir y por tanto eliminar el *Pan de la Vergüenza*. Sin embargo, sigue existiendo el problema de la conexión coherente, el proceso mediante el cual podemos lograr una comunicación directa con la sustancia espiritual que llamamos energía, Luz o beneficencia. Decir que esa conexión la proporciona nuestra alma, que está contenida en el cuerpo físico pero existe en el nivel espiritual, no es suficiente, ya que el sistema de comunicación que establecemos tiene sus raíces en nuestra existencia física.

Dice el *Zóhar* que para cada brizna de hierba que crece aquí en la Tierra, existe una influencia correspondiente en el reino de las estrellas (*mazalot*). Si puede afirmarse tal cosa con respecto a un organismo tan simple como la hierba, ¿cuánto más importante debe ser la correspondencia para formas más elevadas de vida animal y vegetal? Puede que seamos capaces de hacer caso omiso de la influencia de las estrellas, pero aun así, es de ellas que recibimos la inspiración fundamental para nuestro crecimiento. Examinemos ahora brevemente los sistemas de comunicación con los que estamos familiarizados en un intento de entender el funcionamiento de la transferencia de energía metafísica.

Si consideramos el sistema telefónico, sabemos que para que dos personas se comuniquen en la distancia, debe haber una conexión física —unos cables, un transmisor y un receptor a ambos lados de la línea— construida de tal forma que una cierta forma de energía física (el habla) pueda ser comunicada. En cambio, la radio, aunque también funciona a través de un medio físico, no requiere cables en un sentido físico. Sus "cables" son el aire, y en el caso del televisor, esos "cables" pueden construirse para transmitir imágenes. Y todavía nos alejamos más del concepto de comunicación mediante cables físicos cuando consideramos la información que recibimos de los planetas cercanos, información que necesita un tiempo considerable para viajar a través del espacio y de la atmósfera de la Tierra, pero que aun así viaja en el nivel físico y requiere de un transmisor y un receptor.

¿Cómo podemos, entonces, crear el vínculo común necesario para todas las comunicaciones cuando la distancia entre transmisor y receptor se vuelven infinitas? Cuando utilizamos la palabra "infinitas", debemos tener en cuenta que en este caso no estamos hablando de distancia física ni separación, ya que la energía metafísica con la que estamos tratando de establecer contacto está a nuestro alrededor. Sin embargo, el problema sigue siendo que estamos intentando crear un sistema de comunicaciones que reconcilie nuestra existencia física finita con la beneficencia infinita no física del Creador. Para entender este problema, debemos primero entender el verdadero significado de los patriarcas, también conocidos como las carrozas.

Una pregunta que a menudo se plantea es si los patriarcas existieron realmente en forma física o si fueron meramente conceptos metafísicos inventados por los sabios para nuestra instrucción. La sabiduría de la Kabbalah nos dice que Avraham es la Columna Derecha: la fuerza positiva, la *Sefirá* de *Jésed* (Misericordia), el aspecto impartidor de la energía. De Avraham aprendemos la importancia de las buenas acciones, de impartir, dar y contribuir. ¿Es este el único propósito de la Biblia al introducir la figura de Avraham o hay alguna implicación más profunda en la recopilación histórica completa de la vida y los actos de Avraham?

El aspecto impartidor que viene del Creador es puramente metafísico. No lo encontramos en nuestros cuerpos físicos, de la misma forma que cuando decimos que una persona es "buena" no nos referimos a una cualidad física. Nos referimos a una esencia no ligada a atributos físicos, una fuerza traída a este mundo físico mediante la carroza o el vehículo de Avraham. Debemos recordar que la esencia del Creador, que es una esencia de impartir, existía en un nivel metafísico y fue vinculada al nivel físico mediante la carroza de Avraham, de forma que posteriormente se convirtió en una fuerza viva y vigorizante en la Tierra. La Biblia, por tanto, detalla los acontecimientos de la vida de Avraham para proporcionarnos un entendimiento más profundo de los canales y las herramientas adecuados a través de los cuales la energía cósmica positiva se manifiesta y se pone a nuestra disposición para que nos conectemos con ella y la utilicemos en nuestra vida diaria.

Para entender de forma más completa el concepto de "vincularse" o conectarse el Mundo Superior Celestial con el Mundo Inferior Terrestre, así como la necesidad de obtener el instrumento adecuado para efectuar este vínculo, examinemos de nuevo con precisión el significado de la palabra "vínculo" en nuestro nivel físico y mundano.

Dentro de la composición global del ser humano encontramos dos elementos básicos o fuerzas de energía que impulsan al hombre a actuar. Estas dos fuerzas son el cuerpo y el alma. Para investigar estos dos aspectos, uno debe preguntarse cómo y a través de qué instrumento se unieron estas dos fuerzas en primera instancia. Este asunto se complica todavía más al comprender que estas dos entidades existen en diferentes niveles: el alma en el Nivel Superior y el cuerpo en el Inferior. Y lo que es más, la esencia de cada uno de ellos es diametralmente opuesta a la otra. El cuerpo se aviene a su tendencia básica, que es el *Deseo de recibir sólo para uno mismo*, mientras que la esencia del alma es el *Deseo de recibir con el propósito de compartir*. Cualquier vínculo que una a estas dos entidades diferentes, y a veces opuestas, debe por lo tanto contener en su estructura interna características de ambos. De esta forma, y sólo de esta forma, puede establecerse un vínculo entre el cuerpo y el alma. Para ser efectiva en proporcionar una conexión adecuada, la unidad conectora debe contener no sólo las características propias del cuerpo y el alma, sino que también debe ser capaz de establecer armonía entre las dos entidades opuestas.

Cuando un metalúrgico desea fundir dos metales de distinta naturaleza, debe encontrar una aleación en un tercer metal que pueda efectuar la fusión. Si buscamos una aleación para unir el cuerpo y el alma, nuestro esfuerzo debe dirigirse hacia una sustancia que contenga los elementos principales de los dos. Según Rav Isaac Luria, el Arí, tal elemento fluye en las venas y las arterias de todo ser viviente: nuestra sangre.

El Arí consideró la teoría de la evolución mucho antes de que se le ocurriera a Charles Darwin. En *Los escritos del Arí, El Árbol de la Vida, Puerta 42:1*, el Arí afirma: "Llegará un tiempo en el que los hombres de ciencia, en su búsqueda del eslabón perdido entre el hombre y el animal, intenten considerar al mono como la forma viviente de la cual ha evolucionado el hombre". Muchos han considerado este comentario extraño, teniendo en cuenta que el Arí vivió en el siglo XVI.

El mono, según el Arí, es una "imagen fraudulenta" del hombre y es ciertamente el eslabón perdido entre el hombre del Mundo Superior y el reino animal del Mundo Inferior. El mono, y sólo el mono, contiene los elementos principales tanto del hombre como del animal que forman un vínculo de la evolución, aunque sólo del hombre al animal, no del animal al hombre.

En *Las Diez Emanaciones Luminosas*, está escrito que los marcos básicos del *Deseo de recibir* son humanos, animales, vegetales y minerales, y que éstos se subdividen en infinitos grados. Los grados infinitos de cada nivel dan cuenta del número infinito de especies que hay en cada nivel. El hombre, en su nivel más bajo, sigue siendo más intenso en lo que se refiere al *Deseo de recibir* que el animal en su nivel más elevado. El mono representa el nivel más elevado de inteligencia en el reino animal porque su *Deseo de Recibir* es el más intenso de entre todos los animales. Cuanto más elevada es la intensidad, más Luz es capaz de recibir el individuo que experimenta el *Deseo de recibir*.

El rango más bajo en el marco de la humanidad, que representa el nivel más bajo del *Deseo de recibir*, sigue siendo más elevado que el *Deseo de recibir* más intenso del reino animal, que está representado por el mono. El mono, como el hombre, posee cinco dedos en cada mano, pero no puede hacer uso de su pulgar utilizándolo como los humanos, en oposición a los cuatro dedos restantes. Podemos maravillarnos ante la inteligencia del mono, pero con todo su ADN físico y metafísico, el mono no puede salir de su categoría animal por todo su *Deseo de recibir* y esta limitación está reflejada en su mano.

El pulgar representa *Kéter*, el vínculo de unión con los niveles más elevados de conciencia cósmica, algo que el mono, debido a su carencia de un pulgar oponente, no puede lograr. El significado del pulgar se expresa en *Levítico* 9:23-24, en la expiación de los sacerdotes, y vincula la familia sacerdotal con la energía celestial cósmica de la *Sefirá* de *Jésed*, que el miembro corpóreo del *Kohanim* (sacerdocio) representa a nivel físico.

El Arí dice que el eslabón perdido entre el cuerpo y el alma del hombre es la sangre. Ésta contiene células sanguíneas rojas y blancas, algo que, desde un punto de vista kabbalístico, enfatiza las dos características internas de la sangre. Las células sanguíneas rojas representan el *Deseo de recibir para uno mismo* y las células sanguíneas blancas representan el *Deseo de recibir con el propósito de impartir*. La sangre es el único componente de todo el cuerpo que contiene este aspecto de compartir. Por lo tanto, metafísicamente, son las células sanguíneas blancas las que contienen el factor coagulante que acude rápidamente para ayudar cuando se producen cortes o heridas.

Volvamos ahora a nuestro análisis de la descripción bíblica y kabbalística de Avraham el Patriarca para que podamos entender su relevancia en el desarrollo y la evolución de este mundo prosaico, y su relación con el todo cósmico del Reino Celestial. Avraham personificaba el individuo justo, bondadoso y compasivo que fue marcado con un poder Divino especial que le permitió entrar en comunicación directa con la energía interna y metafísica de la *Sefirá* de *Jésed* en la Columna Derecha.

Efectivamente, Avraham era conocido por su hospitalidad hacia todos aquellos que entraban en su hogar. En el *Génesis Rabá* 48:9, leemos que Avraham tenía las puertas abiertas en los cuatro lados de su casa. Avraham, por lo tanto, se convirtió en la carroza o personificación de la *Sefirá* de *Jésed* o la misericordia, la cuarta de las *Diez Sefirot*.

Como carroza de *Jésed*, Avraham fue el eslabón crucial en esta cadena de transmisión. Fue él, cómo medio conector, quien llevó la fuerza de energía metafísica al reino físico del hombre, permitiéndole así, a través de las *mitzvot* positivas (que sirve como medio conector del hombre), atraer hacia sí mismo el poder de la energía positiva y fundirse con ella. Esta característica peculiar de actuar como "eslabón perdido" fue tanto la causa como la consecuencia de la bondad de Avraham. En el *Talmud Babilónico*, *Tratado Yomá*, se explica que Avraham observaba todos los mandamientos aunque éstos no hubieran sido todavía revelados al pueblo de Israel. Según la *Midrash Haguigá*, Avraham estableció los rezos de la mañana, así como los preceptos de los *Tefilín* y el *Tzitzit*, para proporcionar a los hijos de Israel las herramientas que les permitirían conectarse, mediante un canal apropiado, con la energía positiva.

El reconocimiento por parte de Avraham de un solo Dios —monoteísmo—, lo cual según muchos comentadores bíblicos era su principal virtud está, en efecto, directamente relacionado con su característica peculiar de ser el "eslabón perdido". La comunicación directa de Avraham con la fuerza de energía positiva del Creador le demostró claramente que creer en más de un Dios no sólo era contrario al concepto de positividad, sino que también estaba estrechamente relacionado con el aspecto del *Deseo de recibir*. Por lo tanto, el *Deseo de recibir* no podía estar incluido dentro del Creador.

Además, si examináramos en detalle los 248 preceptos positivos de la Biblia (lo cual no es el propósito de este capítulo), encontraríamos que cada uno de dichos preceptos presenta un "vínculo directo", un instrumento a través del cual algún aspecto del *Deseo de impartir* del Creador se manifiesta en nuestra existencia física.

Igual que los programas de televisión mencionados anteriormente, cada uno de estos aspectos sólo se encuentra disponible en momentos concretos y bajo ciertas condiciones muy específicas. Si queremos construir un aparato de televisión, necesitamos instrucciones precisas y especificaciones exactas para cada componente. Si construimos algo que sólo tiene la apariencia externa de un televisor o que carece de algunos componentes, no podemos esperar que funcione adecuadamente.

De forma similar, las especificaciones y la cronología de los preceptos no son meramente tradicionales, sino que son verdaderamente esenciales para ejercer su función como vínculos entre los niveles metafísicos y físicos. Por lo tanto, cuando discutamos el significado de *Pésaj* (Pascua), explicaremos por qué sólo en el quinceavo día de *Nisán* (Aries) podemos obtener la forma particular de energía que está disponible en ese día y por qué la *matzá* (pan sin levadura) es el "eslabón perdido" a través del cual podemos participar de esa energía.

Igualmente explicaremos por qué la forma de energía que llega a nosotros a través del atado de los *Tefilín* está presente sólo en determinados momentos y por qué las instrucciones para hacer los *Tefilín* son tan precisas al establecer la razón por la cual las tiras y la cobertura deben estar hechas de piel y no de goma o tela, así como el motivo por el cual se eligen unas secciones determinadas para inscribirse en las cajas.

Los 248 preceptos positivos representan los cables físicos que crean el vínculo a través del cual podemos tomar lo que el Creador quiere compartir con nosotros. No obstante, igual que un circuito eléctrico, debe haber una fuerza negativa para equilibrar la positiva. Para alcanzar este propósito disponemos de los 365 preceptos negativos —las "prohibiciones" de la Biblia—, que completan y equilibran el circuito de energía metafísica en nuestro interior.

En este punto, debemos ser capaces de distinguir tres aspectos diferentes e interrelacionados del sistema de comunicaciones que nos proporciona la Biblia. Primero están los cables: los vínculos físicos y metafísicos entre el trasmisor y el receptor. Éstos, tal como ya hemos mencionado, están representados por los rezos y las *mitzvot* (acciones positivas). El segundo aspecto del sistema de comunicaciones es la construcción física y metafísica de nuestro aparato transmisor y receptor. La parte o herramienta física está representada por los *Tefilín*, *Matzá*, *Talit*, *Etrog*, etc., y todos ellos deben conformarse a las especificaciones establecidas por la Biblia y los sabios. Por último, las palabras que utilizamos en los rezos y las meditaciones que están asociadas con una herramienta física en particular no sólo deben ser correctas sino que también deben pronunciarse adecuadamente.

El alfabeto hebreo en sí mismo es un cable que representa el eslabón perdido entre la transmisión del mensaje del mundo físico y su recepción en el mundo metafísico. Debe ya quedar claro que cuando rezamos, no sólo estamos transmitiendo una cadena de palabras al espacio exterior. Nuestros rezos deben tener un destino y una bendición en un sentido general, o alguna forma particular de energía, o la realización de algún *Deseo de recibir* físico. Por lo tanto, el alfabeto hebreo es la primera fase que propulsa el rezo más allá de la atmósfera física, tras la cual, según el *Zóhar*, se transporta a través de un sistema de "ángeles" y se transmite de un ángel (*malaj*) a otro hasta que alcanza su destino. La respuesta regresa de la misma forma.

El aspecto del rezo que lo propulsa más allá de la atmósfera física es clave. Igual que ocurre con un cohete espacial que se dirige a la Luna, en el cual el mínimo fallo en las fases previas del lanzamiento del cohete puede desviarlo desastrosamente de su trayectoria, una lectura incorrecta de un rezo puede minar o frustrar su propósito.

En este punto, puede resultar adecuado recordarnos de nuevo que cuando utilizamos la analogía del vuelo espacial para ayudarnos a entender los aspectos del rezo, no debemos caer en el error de pensar en Dios como algo separado de nosotros por una distancia finita, o incluso infinita, vagamente dirigida hacia "allí arriba". Debemos recordar que la beneficencia de Dios está a nuestro alrededor. Tal como se nos dice en *Isaías 6:3*: *"Meló kol haaretz kevodó"* (Su Gloria llena toda la Tierra). Lo que nos separa de su beneficencia no es la distancia, ni tan siquiera el tiempo o el movimiento, pues estos tres aspectos existen sólo en nuestra esfera física. El objetivo del rezo no es atravesar la distancia, sino *trascenderla*. Y lo que es más, cuando hablamos de una atmósfera —la barrera física a través de la cual debe pasar un cohete que se dirige a la Luna—, no debemos cometer el error de pensar que la resistencia que encuentran nuestros rezos se halla fuera de nosotros mismos. Los "velos" (sobre los cuales hablaremos más adelante) que hay en nuestro interior presentan el único obstáculo al flujo libre de nuestro sistema de comunicaciones.

El tercer aspecto de este sistema —una vez tenemos los cables y los medios de transmisión— es la creación de un circuito que nos permita impartir y compartir en una medida equivalente a nuestra capacidad de recibir. Ya hemos establecido que el sistema de preceptos está en equilibrio, ya que los 248 preceptos positivos equilibran a los 365 preceptos negativos. De la misma forma, debemos ser conscientes en todo momento de los aspectos circulares y equilibrados de todas nuestras acciones y rezos. Por ejemplo, cuando pedimos alimento, es importante saber por qué lo hacemos; es decir, no lo hacemos meramente para satisfacer nuestra hambre, sino también para tener la fuerza y la energía para ayudar a otros.

El acto de comer alimentos también contiene un aspecto de impartir. Si rechazáramos toda comida, negaríamos no sólo la posibilidad de compartir por parte de las personas que nos ofrecen esa comida, sino también el deseo de Dios, quien creó el alimento para nuestro beneficio. Cuando comemos, por lo tanto, se nos brinda la oportunidad de crear un circuito. Recibimos nutrición e impartimos deleite tanto a nuestro prójimo como al Creador.

Además de estos tres aspectos del sistema de comunicaciones que existe entre el hombre y Dios, también hay otros sistemas que nos permiten perfeccionar, refinar y mejorar nuestro equipo personal de transmisión y recepción. Estos sistemas pueden compararse a la puesta a punto y el mantenimiento de un motor, en el cual algunos de sus bordes más duros se cortan para que el motor funcione de forma armoniosa. Aunque no se añade, se elimina ni se altera ningún componente, el resultado neto es una mejora general en la eficiencia y una marcha más fluida.

Un sistema a través del cual podemos mejorar la receptividad global y el alcance de nuestro sistema es la *mikvé*, o baño ritual. Se considera que este precepto pertenece exclusivamente a las mujeres, especialmente a las mujeres judías ortodoxas. La mayoría de las mujeres judías no se adhieren al precepto de la *mikvé*, pues lo consideran una costumbre obsoleta relacionada con la menstruación.

Sin embargo, Rav Áshlag, al describir su entrada a los secretos internos de la Kabbalah en el *Sitrei Torá*, nos dice que cuando su maestro le reveló los secretos de la *mikvé*, experimentó una revelación mayor que cualquier otra que había tenido anteriormente, mayor incluso que las que tendría durante el resto de su vida. Este no es el lugar adecuado para entrar en los detalles precisos del poder de la *mikvé*, ni de las condiciones establecidas para su construcción; por el momento, basta enfatizar que la *mikvé* es mucho más que un simple "baño". De hecho, el *Zóhar* considera que contiene el secreto de la vida misma. Aunque la *mikvé*, en su forma más refinada, debe ser un *mayán* —que significa "agua que emana de un manantial", como era el manantial de Rav Ishmael, el Sumo Sacerdote en la época del Templo Sagrado (el cual todavía funciona en Israel en la actualidad) — el resultado es del mismo orden aunque el agua provenga de la lluvia o de un arroyo. La inmersión total en la *mikvé* puede servir para suavizar y refinar algunas de las impurezas que hay en nuestro sistema, impurezas provocadas por la inclinación al mal del hombre, la cual crea los velos (*klipot*) que nos mantienen alejados de la Luz Divina de la Creación.

Debido a que la relevancia metafísica y espiritual de la *mikvé* tiene un alcance tan amplio, el lugar apropiado para una discusión detallada sobre el tema se encuentra en el apartado de este libro que trata sobre las energías positivas mediante el proceso meditativo de las *mitzvot*. Sin embargo, con el fin de alcanzar una comprensión mayor del tema que nos ocupa y debido a que esta importante práctica sirve de apoyo inconmensurable a nuestra tarea de trascender las limitaciones que hemos creado en nosotros mismos, se proporcionará a continuación una explicación general de la *mikvé*.

Fundamentalmente, la inmersión de nuestro cuerpo en una *mikvé* es una herramienta metafísica y espiritual que elimina las *klipot* metafísicas (capas negativas o Vasijas que contienen Luz capturada en virtud del nuestro ejercicio del *Deseo de recibir sólo para uno mismo*). El momento en que esta energía interna vuelve a convertirse en su Vasija verdadera y pura (el *Deseo de recibir con el propósito de compartir*) tiene lugar cuando el agarre que las *klipot* ejercen sobre la Luz es anulado.

El agua es el medio más apropiado para el propósito

de anular impurezas porque la fuerza de energía interna del agua es *Jésed* o Misericordia, que es la energía de la Columna Derecha de impartir y, por lo tanto, contraria a la fuerza de las *klipot*. Debido a que tiene su origen en el interior de la tierra, *mayán* (el agua natural de manantial) es con diferencia el instrumento más efectivo a través del cual puede lograrse esta anulación. Esto se debe en gran parte a la estructura del agua natural de manantial, que ha atravesado en sí misma un proceso interno de anulación en virtud de su capacidad de llegar y fluir por debajo de la tierra. El agua natural de manantial ha entrado en contacto con la fuerza de gravitación, que tiene una esencia interna del *Deseo de recibir para uno mismo*, y sin embargo el agua continua fluyendo en lugar de ser absorbida por la tierra. Según la sabiduría de la Kabbalah, es la capacidad del agua de desafiar a la gravedad —y a lo que la gravedad representa— lo que le concede el poder de anular las *klipot* inherentes a nuestro interior.

El agua de lluvia, aunque se utiliza comúnmente con el propósito de la inmersión, obviamente no puede contener la fuerza y la energía del agua natural de manantial debido a su falta de contacto con la tierra.

Pero en última instancia —y esto debe enfatizarse— el propósito de la inmersión en la *mikvé* no es de naturaleza física, sino que es un propósito de limpieza y purificación espiritual, así como de eliminación del *Deseo de recibir sólo para uno mismo* que hay dentro de nosotros.

CAPÍTULO CUATRO

LA PROYECCIÓN ASTRAL

Existe otro método a través del cual podemos aumentar la receptividad general de nuestros aparatos de recepción y transmisión. Se llama comúnmente proyección astral. Toda el área de la proyección astral y la percepción extrasensorial ha sido, hasta hace poco, rechazada por la gran mayoría de los científicos y los grupos religiosos. El motivo de este rechazo tiene dos vertientes: primera, hay un miedo comprensible de un fenómeno desconocido y potencialmente peligroso; y segunda, no hay herramientas en el repertorio de los científicos que puedan medir eventos en un nivel metafísico.

Los dos criterios más importantes de la ciencia moderna son que un fenómeno sea observable y que sea repetible. La ciencia se limita a sí misma en el examen de sucesos que pueden ser manipulados o repetidos al estudiarlos mediante los cinco sentidos del científico. Mientras que se trata de una limitación perfectamente aceptable y ciertamente necesaria, la suposición que a menudo le sigue —que todo lo que está más allá de estos límites no existe— es demostrablemente falsa. Los científicos están demasiado dispuestos a olvidar que los padres fundadores de su disciplina fueron los alquimistas de la Edad Media, quienes, aunque estaban equivocados y mal orientados en sus estudios, reconocieron al menos la afinidad de sucesos físicos y metafísicos, buscando reflejar en sus intricados experimentos el elusivo e inmedible nivel metafísico en el mundo tangible de lo físico.

El concepto de proyección astral es más bien nuevo para la ciencia de la metafísica. Las posibilidades y los beneficios de este fenómeno sólo se han empezado a tomar en serio desde hace muy poco tiempo, aunque con gran precaución. Algunos programas médicos, como el llevado a cabo en el Hospital M.D. Anderson en Houston, Texas, han incorporado el concepto de la proyección astral con un éxito notable en sus planes terapéuticos. Los descubrimientos de la ciencia moderna han necesitado cambios profundos de muchos conceptos médicos, y debido a que estas nociones son tan básicas para nuestra forma de experimentar el mundo, no resulta sorprendente que los científicos que se ven forzados a ver la medicina —y la vida misma— bajo una nueva luz sientan un cierto grado de shock. A partir de estos cambios ha surgido un punto de vista de la medicina mundial totalmente nuevo.

Mientras que todavía nos hallamos en proceso de desarrollo en el campo de la investigación médica, que actualmente incluye la medicina física nuclear, el abanico de enfermedades que se consideran psicosomáticas ha aumentado notablemente. Muchas enfermedades psicosomáticas implican la existencia de una perturbación del equilibrio entre las dos fuerzas de energía internas que describimos como el *Deseo de recibir* y el *Deseo de impartir*. La actividad generada por el *Deseo de recibir* excede generalmente a la entrada de energía a través del *Deseo de impartir*, lo cual resulta en un estado crónico de estrés y fatiga. Debido al desequilibrio consiguiente, la necesidad de restaurar un estado de equilibrio entre los dos deseos pasa a ser de suma importancia.

En concordancia con el impacto de la meditación kabbalística sobre el desequilibrio (la causa primaria de la enfermedad psicosomática), la proyección astral (una parte integral de la meditación kabbalística) aumenta el bienestar físico y emocional al reducir e incluso eliminar el exceso de actividad generada por el *Deseo de recibir*.

Pero, ¿qué sucede realmente durante una meditación kabbalística? Una persona permite que su mente experimente un estado profundo de relajación y serenidad que, a su vez, elimina la actividad redundante. La proyección astral permite que la mente trascienda a un nivel de pura conciencia humana conocido como conciencia cósmica. Al lograr esta conexión con la conciencia cósmica, el individuo logra expandir su conciencia personal, además de eliminar el estrés y la tensión. La proyección astral, junto con su metodología, está explicada al detalle en el libro del Arí *Los escritos del Arí: Puerta del Espíritu Santo*.

El uso de la proyección astral como técnica para lograr una expansión y una conexión con la conciencia cósmica fue demostrado claramente por Rivka la Matriarca cuando partió con su hijo Jacobo después de saber el odio que Esaú sentía contra él. (*Génesis* 27:42) "Ahora pues, hijo mío", le dijo Rivka a Jacobo, "obedece mi voz; levántate y huye a casa de Labán, mi hermano en Harán. Mora con él hasta que el enojo de tu hermano se mitigue". (*Ibíd.* 44) Sin embargo, lo que parece ser redundante es el verso que le sigue a continuación: "hasta que se aplaque la ira de tu hermano en ti". (*Ibíd.* 45) ¿Cuál es el propósito de que las Escrituras repitan por partida doble la advertencia de Rivka? El mensaje codificado que se halla contenido en el interior de estos dos pasajes revela la existencia y la fuerza de energía de la proyección astral.

Examinemos la advertencia de Rivka a Jacobo. Si Jacobo iba a huir a Harán, que se hallaba a una gran distancia de donde vivía Esaú, ¿cómo y cuándo sabría Jacobo que su hermano había cambiado sus sentimientos hacia él? La respuesta a esta pregunta se halla en el mensaje que Rivka le dio a Jacobo. El primer verso contiene la advertencia por parte de Rivka de huir de Esaú y permanecer en la casa de su hermano hasta que la ira de Esaú se hubiera desvanecido.

En el segundo verso, las Escrituras añaden las palabras "en ti". Estas palabras, "en ti", le dicen a Jacobo que él sabrá cuando se habrá apaciguado el enojo de Esaú, es decir: "cuando dejes de sentir el enojo dentro de ti".

Puesto que Jacobo era un Patriarca, no tenía dificultad en conectarse y comunicarse con la conciencia cósmica. En el nivel de la conciencia cósmica yace una conciencia humana inmediata de todo el conocimiento como parte unificada del todo cósmico. A Jacobo se le dijo que en un tiempo futuro —un tiempo más allá de las limitaciones del tiempo, el espacio y el movimiento— dejaría de sentir la ira de Esaú en su interior. De vez en cuando, Jacobo se proyectaba a sí mismo astralmente hasta el lugar donde se encontraba Esaú para que se le revelara la situación al completo.

Ser conscientes de la conciencia cósmica abre nuestras mentes a la percepción espontánea de los aspectos más sutiles de la realidad de nuestro entorno. La proyección astral juega un papel esencial en la creación de esta conciencia, pues lleva a la persona a un estado más relajado de pensamiento y actividad. Cuando se utiliza como componente en la técnica global de la meditación kabbalística, la proyección astral proporciona un escalón para llegar a un grado aún superior de la claridad de percepción.

CAPÍTULO CINCO

LA MEDITACIÓN KABBALÍSTICA

Cuando hablamos del tema de la meditación, es prudente aclarar cuál es el significado de la meditación en general y de la meditación kabbalística en particular. *Kavaná* (meditación) es un término que apareció por primera vez en el *Talmud Babilónico, Tratado Berajot*, y que está relacionado con la cuestión de si la realización de *mitzvot* (acciones positivas) requiere de la meditación. Según la *Halajá*, los preceptos no requieren de la meditación. Esto puede implicar que la mera realización de un precepto en particular debe considerarse suficiente para alcanzar el objetivo de la realización de esa *mitzvá* específica. De hecho, este procedimiento ha sido aceptado entre la mayoría de personas que llevan a cabo sus rituales y preceptos diarios sin considerar en absoluto la meditación o la contemplación durante su realización.

Más adelante volveremos a este delicado asunto, pero primero debe aclararse que el término *kavaná* también aparece en el *Zóhar* en referencia a la contemplación profunda de las *Sefirot* del Mundo Celestial en general, así como de sus efectos peculiares en particular. La Kabbalah enseña que las *Diez Sefirot* son las Vasijas —conductos o cables— que revelan y manifiestan la energía que el Creador deseaba compartir en *Su Pensamiento de Creación*. Esa energía es su beneficencia, y sin esas Vasijas metafísicas para poder recibirlo, la Luz (energía) no puede manifestarse más de lo que la semilla del hombre puede manifestarse sin el óvulo de la mujer, o una corriente eléctrica puede volverse operativa sin estar rodeada de un cable.

En la primera fase de la meditación kabbalística, aquellos que buscan la conciencia cósmica deben prepararse como Vasijas. Antes de que podamos establecer la conexión necesaria, debemos pasar por un procedimiento que nos colocará en una posición en la que podamos estar conectados con los instrumentos metafísicos —las *Sefirot*— que al final contendrán a la Luz. Para lograr esto, debemos saber por qué estamos meditando, qué deseamos comunicar y qué esperamos lograr. Para ilustrar este punto, imagina un hombre que dice: "Quiero erigir un gran edificio". Si llama precipitadamente al equipo de albañiles y les ordena que empiecen a verter el cemento sin antes tratar el asunto con un arquitecto, será considerado un tonto por todo el mundo. Antes de que pueda extraerse la primera pala llena de tierra para iniciar el edificio, un arquitecto debe haber previsto la estructura en su estado completo y la debe haber diseñado hasta el último remache y el último cable. Sin un plano detallado no hay esperanza alguna de que el edificio pueda erigirse adecuadamente.

El mismo principio puede aplicarse a la meditación kabbalística. Hasta que no sabemos en detalle lo que queremos lograr, nuestros esfuerzos espirituales serán una tarea inútil. Con el fin de prepararnos para una conexión meditativa con las *Sefirot*, debemos recordar que como seres humanos mortales tenemos, por naturaleza, la energía interna psicológica y emocional del *Deseo de Recibir*. Pero esta energía es obviamente distinta y posiblemente contraria a la esencia interna del ser metafísico o Vasija que planeamos establecer. Como ya hemos discutido anteriormente, la unión de dos entidades separadas y en ocasiones opuestas no puede darse a menos que se encuentre el eslabón perdido: el eslabón capaz de conectarlas de tal forma que sus energías internas puedan reconciliarse.

Una vez que nuestro yo interno ha sido afinado adecuadamente, estamos ahora preparados para la siguiente fase de la meditación, en la cual se activa y se infunde energía en la Vasija potencial que ya existe y cuyo propósito final consiste en englobar y revelar la esencia de la Luz del Creador.

Una buena analogía en este caso es el óvulo de la mujer. La existencia del óvulo, por naturaleza propia, no garantiza necesariamente que cuando entre en contacto con el esperma masculino, la energía interna del esperma se revele inevitablemente y se vuelva manifiesta. Si la energía interna del óvulo que causa, inicia o activa el desarrollo y la manifestación de la fuerza de energía interna potencial del esperma se materializa, entonces, y sólo entonces, podemos anticipar la manifestación y la revelación del esperma.

En este sentido, el punto de vista kabbalístico de la meditación es análogo a las ideas expresadas en las filosofías meditativas del Lejano Oriente. Aunque esta analogía no se ha discutido extensamente, los dos sistemas tienen este punto tan importante en común de una Vasija que inicia una conexión con la Luz.

Como enfoque psicológico para hacer frente a las dificultades desagradables de la vida, todas las formas de meditación proporcionan una técnica mediante la cual el individuo puede acallar su mente, así como fortalecer y desarrollar sus recursos latentes. Ejercicios de respiración, la *mikvé* y la proyección astral son todas ellas parte de la técnica desarrollada por la meditación kabbalística.

Sin embargo, a partir de este punto, las similitudes entre la meditación kabbalística y todas las demás formas de meditación desaparecen. En lo que se refiere a proponer una solución a la multitud de problemas a los que hacemos frente en nuestra rutina diaria, por no hablar de las fuertes demandas que coloca sobre nosotros una sociedad orientada hacia la tecnología que no tiene en cuenta los efectos y la influencia de nuestra propia cosmología, desde el punto de vista kabbalístico, la meditación no difiere de prescribir una aspirina para un dolor de cabeza. La aspirina se limita a proporcionar un alivio temporal, pero una vez ha desaparecido el dolor de cabeza, la causa de dicha condición sigue existiendo. Mientras que la vida de una persona puede mejorar gracias a la meditación —mediante una reducción del estrés y una ayuda para integrarse en el entorno— los efectos adversos de las fuerzas de energía cósmicas negativas creará inevitablemente antagonismo e impaciencia. A menos que se puedan manejar estas fuerzas adecuadamente, ya sea aprovechándolas para beneficio del individuo o al menos minimizando sus efectos perjudiciales, entonces esta forma de meditación resulta un ejercicio de futilidad. La necesidad imperiosa de enfrentarse al problema de las influencias cósmicas negativas no debe ser ignorada si queremos avanzar hacia una vida libre de negatividad, una vida en la que podamos disfrutar de una implicación fácil y productiva con todo y todos los que nos rodean. El peligro de utilizar un programa meditativo que es ignorante o que ignora los efectos de nuestra cosmología es a menudo dramatizado por los informes de personas que han sufrido efectos secundarios que van desde lo negativo a lo problemático y perjudicial. Es verdaderamente lamentable que con el uso cada vez más generalizado de programas de meditación —debido en gran medida a las crisis causadas por la creciente fragmentación en el mundo— muchos llamados "expertos", con poco o ningún conocimiento de lo que debe comprender un programa completo de meditación, estén actuando con propuestas provisionales para proporcionar un alivio del estrés y la tensión. ¿Cómo puede un programa de meditación afirmar ser un método a través del cual un individuo, empujado por el ajetreo y el bullicio de las actividades diarias, mantendrá un contacto consciente con una experiencia de equilibrio y tranquilidad lograda a través de la meditación? Una persona sólo puede intentar adentrarse en la meditación con las fuerzas cósmicas negativas prevalentes que la rodean. Por ello, en cualquier técnica de meditación, deben incluirse necesariamente herramientas y métodos específicos si se pretende que la sensación de alivio y tranquilidad perdure más allá del tiempo y el espacio de la experiencia en sí misma. De esto trata precisamente la segunda fase de la meditación kabbalística.

Una vez que la persona completa con éxito la primera fase de la meditación kabbalística —sabiendo lo que quiere lograr a través de la meditación y preparación de la Vasija—, el próximo paso consiste en alcanzar un estado mental tranquilo. Esta parte del programa está diseñada para potenciar el acceso del individuo a un estado de conciencia cósmica o personal. La primera fase incluye un método para ayudar al individuo a conectar con las influencias cósmicas que le permitirán establecer un estado de armonía con el cosmos. Ahora la persona ya está preparada para expandir esta conciencia más profunda más allá de las limitaciones del tiempo, el espacio y el movimiento y penetrar en el reino de la conciencia cósmica.

¿Pero qué es la conciencia cósmica? ¿Cómo obtiene uno acceso a una conciencia expandida? ¿Cómo supera uno la clara limitación del proceso natural del olvido o la pérdida de la alegría que una experiencia agradable le proporcionó en algún momento? ¿Por qué un pensamiento o una experiencia no mantienen su efecto expansivo más allá del periodo de la manifestación o el impacto visual?

La necesidad imperiosa de enfrentarnos al problema de las influencias cósmicas no puede ser ignorada o subestimada. Debemos, en este momento, darnos cuenta de que en el nivel de la superficie, según el *Zóhar*, "las estrellas impulsan, no obligan". El *Talmud Babilónico*, en el *Tratado Shabat*, dice: "*Ein mazal le Yisrael*", lo cual significa que la influencia de la cosmología no tiene que afectar necesariamente a Israel. El *Zóhar* afirma que con el conocimiento correcto (la Kabbalah) de la cosmología, uno puede elevarse por encima de la influencia de las estrellas. Dentro de este contexto se halla la respuesta a las preguntas previamente planteadas. Para la mayoría de nosotros, una concentración y un enfoque de nuestra atención sobre el objeto de la experiencia puede en ocasiones extender el alcance en el tiempo-espacio de nuestra experiencia o dicha.

Sin embargo, debido a que esta contemplación requiere de un pensamiento consciente, la extensión y la continuidad de nuestra experiencia y deleite está sujeta a la dimensión y el alcance de nuestra conciencia, la cual, lamentablemente, asciende en el presente a tan solo un diez por ciento de nuestro potencial. El valor de la concentración en sí misma como herramienta para expandir el alcance de nuestras experiencias y extender la calidad de un sentimiento de alegría o un estado de dicha, se queda corto para lograr su objetivo previsto.

Al ser contrarrestada y entorpecida por los efectos de las influencias cósmicas negativas, la tendencia natural de la mente a mantenerse en un estado de actividad mental relajada se encuentra severamente restringida y por lo tanto nos impide "sintonizarnos con" el reino de la conciencia cósmica. Esto subraya la razón mencionada previamente del proceso natural de pérdida del recuerdo de experiencias dichosas. Sin embargo, cuando podemos ascender y por lo tanto trascender las influencias cósmicas de nuestro universo a través del proceso totalmente fluido pero espiritualmente natural de la técnica de meditación kabbalística, podemos alcanzar este estado de conciencia pura. Entonces experimentaremos niveles más relajados de actividad mental y consecuentemente un nivel correspondiente de relajación física, libre de estrés y tensión, que permite el proceso normal de regeneración del cuerpo para restaurarse a sí mismo a un estado saludable de forma física, libre de influencias negativas y perjudiciales.

La conexión a la conciencia cósmica, brevemente descrita en nuestra discusión sobre el consejo que Jacobo el Patriarca recibió de su madre, Rivka, es un resultado directo de trascender las influencias de nuestra cosmología, permitiendo así una conexión con la conciencia pura, y manteniendo una conciencia intacta más allá del marco del tiempo-espacio con las experiencias gozosas. Este es, por lo tanto, el objetivo que uno espera alcanzar a través del proceso y la tecnología de la meditación kabbalística.

CAPÍTULO SEIS

EL PODER DE LAS ONDAS MENTALES

A estas alturas, debe quedar claro para el lector que no sólo existe un nivel metafísico de la existencia, sino que es a partir de este nivel que toda la vida fluye. El mundo físico en el que vivimos no es más que un producto o resultado de las fuerzas y energías ocultas del plano metafísico.

Cuando medimos una semilla de manzano no podemos determinar la forma que adoptará el manzano que finalmente emergerá de ella. No obstante, sabemos que las instrucciones innatas, o ADN, para el crecimiento de cada rama, hoja y fruto deben estar contenidas en la semilla.

Somos incapaces de medir y cuantificar las fuerzas metafísicas con nuestras herramientas científicas existentes, porque estas herramientas derivan por fuerza de nuestros cinco sentidos, a través de los cuales percibimos y comprendemos el mundo físico. Pero sostener sistemáticamente que todo lo que no podemos percibir mediante nuestros cinco sentidos no existe, es como afirmar que un círculo no existe porque no podemos medirlo con una regla. No debemos dudar de la validez de un fenómeno, sino de la incapacidad de la herramienta para medirlo, o incluso para percibirlo.

Cuando hablamos de la energía que nuestras almas pueden recibir a través del rezo, nos hallamos firmemente en el mundo de lo metafísico, y por lo tanto, no estamos confinados por los límites del tiempo, el espacio y el movimiento que gobiernan el mundo físico. Ya hemos indicado que Israel, y Jerusalén en particular, es el foco de energías del mundo metafísico, y que *"avirá beeretz Yisrael"* (el aire de Israel) es diferente del que puede encontrarse en cualquier otro lugar de la Tierra.

El hecho de que Israel sea diferente de cualquier otro lugar en la Tierra puede entenderse en el contexto de la dificultad que supone realizar una predicción meteorológica certera en dicho país. Por lo tanto, podemos observar que la atmósfera en Israel —tanto física como metafísica— tiene un mayor potencial para la entrada y salida de energía que cualquier otra parte del mundo. Si estamos discutiendo sobre cómo podemos mejorar el rendimiento de nuestros sistemas de comunicaciones, debe resultarnos obvio que el medio a través del cual viajan nuestros rezos —la atmósfera metafísica— sea más propicio para la claridad en la fuente de toda la energía: la tierra de Israel.

Aunque resulta más fácil si estamos físicamente presentes en Israel, todavía podemos "sintonizarnos" con esta área de gran receptividad aunque nos encontremos fuera del país. Según el *Zóhar*, el poder y la fortaleza de las "ondas mentales" que utilizamos en el rezo y la meditación es por mucho el sistema de comunicaciones más eficaz y perfecto que existe en el universo. Además, estas ondas mentales no están limitadas por barreras físicas como las ondas de radio o televisión, que se debilitan por los obstáculos físicos y las condiciones atmosféricas.

Uno puede preguntarse por qué, si estas ondas mentales constituyen un sistema tan eficiente, no podemos utilizarlas más a menudo y más ampliamente. Muchos de nosotros hemos experimentado, en algún momento u otro, la comunicación telepática con alguien que está emocionalmente cerca de nosotros pero a una gran distancia física. Este fenómeno suele ocurrir cuando una de las partes está experimentando un estado muy emocional —felicidad, tristeza, angustia— y dirige sus pensamientos a la otra persona. Otra experiencia relativamente frecuente es la presciencia, cuando uno anticipa intuitivamente un suceso, un encuentro, una carta o una llamada de teléfono. En *Los escritos del Arí: La puerta de la reencarnación*, Rav Jaim Vital, el estudiante de Rav Isaac Luria (el Arí), relata que su maestro visitó ciertos sitios en Israel y pudo identificar la localización exacta de las tumbas de los sabios que habían muerto 2.000 años antes, incluso cuando no había indicación física de dónde se hallaban sus tumbas.

¿Cómo pudo el Arí lograr tal hazaña? El *Zóhar* nos dice que cuando una persona justa fallece, hay una parte de su cuerpo físico que no se desintegra. En el momento de la Resurrección, el alma que regresa será capaz de identificar la Neshamá, o impresión de Luz, que habita en ese hueso. Si la persona merece la resurrección, entonces el alma se reunirá con su cuerpo físico. El Arí tuvo la habilidad de vencer las limitaciones del tiempo, el espacio y el movimiento y pudo identificar a cada sabio sólo a partir de la evidencia de su vestigio de Luz, y el Concilio Rabínico de Israel, a pesar de sus dudas sobre la teoría de la reencarnación, erigió placas en los sitios que el Arí identificó.

¿Por qué fue capaz el Arí de utilizar estos medios no físicos de comunicación en tal grado, mientras que la mayoría de nosotros estamos limitados a vislumbres ocasionales bajo circunstancias excepcionales? Para entender esto, debemos recordar el tercer aspecto del sistema de comunicaciones discutido anteriormente —el equilibrio que debe existir en el circuito entre lo que entra y lo que sale, entre impartir y recibir— y preguntarnos qué factor de nuestra composición física y metafísica perturba ese equilibrio. La respuesta definitiva, la causa raíz de todos los desequilibrios y barreras en el universo, se halla en el *Deseo de recibir*. Si estamos totalmente absortos en nosotros mismos, completamente dedicados a satisfacer nuestros propios deseos y necesidades, entonces nos desconectamos, tanto física como metafísicamente, del resto del mundo. Obviamente, la comunicación de cualquier tipo será difícil cuando estamos tan concentrados en satisfacer nuestro propio *Deseo de Recibir*.

Sin embargo, cuando hay vínculos de parentesco cercanos y de amor entre dos personas, por ejemplo entre una madre y un hijo, existe una falta de egoísmo natural en la relación. El *Deseo de recibir* (la autopreservación pura en su forma más potente, en la cual el yo viene primero y todos los demás vienen después) deja de predominar, rompiendo así las barreras y permitiendo la comunicación.

Esto no significa que el *Deseo de recibir* deje de existir. Lamentablemente, hay muchos padres que colocan su *Deseo de recibir* antes que el bienestar de sus hijos. El amor carente de egoísmo por otra persona es lo más difícil de alcanzar en este mundo. Por eso *veahavta lereaja kamoja* (ama a tu prójimo como a ti mismo) es, tal como nos dice Hillel, el objetivo fundamental y la esencia de la Biblia. Al mostrar la misma consideración y el mismo amor hacia nuestros hijos y nuestros amigos que hacia nosotros mismos, estamos en realidad restringiendo nuestro propio *Deseo de recibir*: ese aspecto de la autopreservación, el "yo" de uno mismo. Estamos convirtiendo el enfoque hacia abajo y hacia el interior del "yo" en el enfoque hacia arriba y de compartir de "nosotros". Siempre que podamos alcanzar este estado —un estado que se alcanza más fácilmente con nuestros hijos y amigos y que resulta más difícil de alcanzar con nuestros vecinos y los desconocidos en general—, eliminamos algunas de las barreras entre nuestro ser físico y el alma revestida por ese ser, ya que las barreras se crean debido a una preponderancia del *Deseo de recibir*. Cuando alcanzamos el estado en el que el *Deseo de recibir sólo para uno mismo* está equilibrado con el *Deseo de compartir* con los demás carente de egoísmo, habremos cumplido los requisitos necesarios para que se produzca una comunicación de naturaleza no física.

En el mundo físico, es difícil hablar con alguien si estamos separados por una pared de ladrillos, pero cuando eliminamos la pared la comunicación se vuelve posible. En el mundo metafísico, esa "pared de ladrillos" es nuestro dominante *Deseo de recibir*. Si podemos eliminar la obstrucción, la comunicación puede fluir libremente.

Debe aclararse que nuestra discusión aquí no trata de si los fenómenos extrasensoriales y otras formas similares de comunicación metafísica existen, sino más bien cómo podemos liberarlos y elevarlos al lugar adecuado como la forma más verdadera de todas las formas de comunicación. Nuestra percepción de los modos de comunicación física a través de los cinco sentidos es muy poco fiable y está sujeta a la influencia de nuestro desequilibrado *Deseo de recibir*.

Se dice que "cuando un carterista se encuentra con un *tzadik* (una persona justa), sólo ve sus bolsillos", lo cual significa que la percepción física es altamente selectiva. Sólo escuchamos lo que queremos oír y sólo vemos lo que esperamos ver. Podemos incrementar la eficiencia del sistema metafísico, de la misma forma que podemos hacerlo con el sistema metafísico creando un equilibrio en nuestro *Deseo de recibir*.

Pero siempre hay un límite en la capacidad de todos los sistemas de energía físicos. Este límite no existe en los canales de la energía metafísica. Esto explica por qué no es posible aprender mucho de la sabiduría interna de la Kabbalah a través de los libros. Los libros constituyen un medio de comunicación propenso a crear un malentendido por parte del lector. El conocimiento interno de la Kabbalah sólo puede transmitirse verbalmente por un maestro cuando siente que su estudiante ha alcanzado el equilibrio y el entendimiento adecuados. Los grandes secretos del *Zóhar* le fueron revelados a Rav Shimón bar Yojái directamente a través del espíritu del mismo Moisés. Hay misterios demasiado profundos para ser comprendidos por cualquiera de los canales físicos de comunicación.

El objetivo esencial de la comunicación física es el logro de este nivel más elevado de comunicación metafísica, no sólo con uno o dos amigos cercanos o con la familia, sino con todas las almas del universo. Este es el verdadero significado de "ama a tu prójimo como a ti mismo", el equilibrio del *Deseo de recibir* de cada individuo con el de los demás, eliminando las barreras para que las almas puedan comunicarse sin obstáculos, reuniéndose así y alcanzando la *Gran Alma Unificada del Ein Sof* (el Mundo sin fin).

La comunicación pura de este tipo entre personas nunca ocurre a través del medio físico del habla. Por mucho que intentemos encarecidamente entendernos los unos a los otros, siempre estará el aspecto de las barreras o velos, no sólo debido a las diferencias en el lenguaje sino también a causa de nuestro egocentrismo. Los oídos no oyen lo que se dice, la boca no transmite la intención verdadera de la mente; y el resultado es el conflicto entre los hombres y entre las naciones que presenciamos a diario.

CAPÍTULO SIETE

LA CONCIENCIA CÓSMICA

No dejaremos de repetir que la razón por la cual nos encontramos en este nivel físico se debe al *Deseo de recibir*. Las almas en el momento de la Creación, en el Ein Sof (el Mundo sin fin), no poseían la capacidad de compartir para poder equilibrar su esencia interna del *Deseo de recibir*, y esta inestabilidad resultó en la Ley Universal del *Pan de la Vergüenza*. Estas almas, al no querer el Pan de la Vergüenza, rechazaron la Luz Divina de la Creación y la restringieron. Fue esta restricción la que causó la limitación del tiempo, el espacio y el movimiento, así como el mal en nuestras vidas y en el mundo. Nuestro objetivo en nuestra vida es completar el círculo o circuito de energía, recuperando así el *Ein Sof* infinito. Esto sólo puede lograrse impartiendo: el pensamiento original detrás de la restricción de las almas de su *Deseo de Recibir*. Sólo mediante los agentes acondicionadores de la Biblia: sus preceptos, leyes, sucesos e historias, podemos alcanzar el objetivo de equilibrar nuestro *Deseo de recibir* con el *Deseo de impartir*.

Aquí tenemos lo que es la esencia de la sabiduría universal de la Kabbalah, en oposición a cualquier otra religión o creencia: el *Deseo de recibir* de cada alma es fijo e inalterable; no debe anularse, reprimirse, subyugarse ni negarse, sino simplemente equilibrarse. Cuando el *Zóhar* habla de almas elevadas, intermedias y bajas, esto se refiere únicamente a la fuerza del *Deseo de recibir* de cada alma. Cuanto mayor sea la fuerza y la intensidad del *Deseo de recibir* dentro de un alma, más elevada es esa alma, pero también posee un potencial mayor para el mal.

En una bombilla de luz, el filamento representa la capacidad de la bombilla para recibir y transmitir energía. Una bombilla de 100 vatios tiene un filamento más grande y ancho que una bombilla de 50 vatios, ofreciendo así más resistencia a la corriente y brillando con más fuerza. Pero si el circuito está desequilibrado, también explotará más violentamente. Es importante que en este momento se discuta la diferencia entre la sabiduría de la Kabbalah y las religiones del este, lo cual se insinúa en *Génesis 25:5-6:* "Avraham dio todo cuanto tenía a Isaac, pero a los hijos de las concubinas que tenía Avraham les dio regalos y, viviendo aún, los separó de Isaac, su hijo, enviándoles hacia levante, al país de Oriente".

El *Zóhar* pregunta cómo pudo Avraham dar regalos a los hijos de sus concubinas cuando la Biblia afirma que le dio *kol* (todo) a Isaac. También plantea por qué el Génesis enfatiza que los hijos de las concubinas fueron enviados al este. La respuesta es simple. Lo que Avraham le dio a Isaac fue un sistema completo que consistía de una Columna Derecha (el potencial de impartir), una Columna Izquierda (el potencial de recibir) y una Columna Central, que representa la mente, la iniciativa y el potencial para equilibrar la Columna Izquierda y la Derecha.

A los hijos de Avraham con sus concubinas, sin embargo, sólo les dio las Columnas Derecha e Izquierda, que son las que encontramos actualmente en las religiones del Este, donde se enfatiza la necesidad de compartir junto con la negación y la suspensión del deseo. En la sabiduría de la Kabbalah, sin embargo, el *Deseo de recibir* es una constante que sólo deja de funcionar cuando el cuerpo físico que viste al alma muere. El objetivo de la Kabbalah no es restringir el *Deseo de recibir* sino equilibrarlo y purificarlo.

¿Pero cómo purifica uno el *Deseo de recibir*? La esencia y la naturaleza verdadera del *Deseo de recibir* del alma están oscurecidas por velos y *klipot*. Ya hemos discutido algunos de los métodos a través de los cuales podemos refinar el *Deseo de recibir*: la *mikvé*, la proyección astral y otras formas de percepción extrasensorial. Sin embargo, podemos ir más allá e intentar restringir la misma fuente de los velos: el *Deseo de recibir* propio del cuerpo. La naturaleza del *Deseo de recibir* del cuerpo es esencialmente egoísta, pues no hay forma de que pueda compartir sin tener la naturaleza compartidora del alma. Por lo tanto, el cuerpo físico busca recibir, acumular y absorber sólo para sí mismo. Si eso se ignora, el *Deseo de recibir* del cuerpo crecerá hasta que sea más fuerte que el *Deseo de recibir* del alma, lo cual resultará en un estado de desequilibrio. No obstante, ¿qué es el cuerpo físico para que llegue a dominar el alma? Nada excepto una Vasija —un vehículo para el alma— y debe servir al alma, no ser su maestro. Es una limitación necesaria en cuanto a que el cuerpo es la Vasija por la cual se manifiesta el *Deseo de recibir*, y mediante la cual se nos ofrece la posibilidad de permitir que el cuerpo cree limitaciones o las trascienda. Es esta trascendencia a la que nos referimos cuando hablamos de asumir el Yugo de Dios, que es lo mismo que decir alcanzar la conciencia cósmica.

En este punto de trascendencia alcanzamos la integración psico-fisiológica (cuerpo-mente) perfecta y establecemos un cambio claro en nuestra conciencia al obtener una *devekut* (adhesión) permanente con conciencia cósmica, algo que viene tanto de la trascendencia de nuestras limitaciones como de la anulación de nuestro *Deseo de recibir sólo para uno mismo*. Por estos medios logramos la claridad mental, junto con una expansión continua de nuestra capacidad para experimentar una conciencia sostenida y pura en todo momento.

La elevación a la conciencia cósmica es el resultado natural de una transformación interna espiritual creada mediante la práctica sistemática de la tecnología de la meditación kabbalística en conjunción con los preceptos proporcionados por la Biblia, que actúan como cables metafísicos. En el curso del desarrollo humano mediante la meditación kabbalística, nuestros potenciales más internos se expresan en su totalidad, y una subsecuente explosión de energía ilimitada nos proporciona un grado más elevado de plenitud y satisfacción como nunca antes hemos alcanzado. Nuestra conciencia pura y constante nos permite tener una percepción más refinada y clara de la realidad, lo cual a su vez produce un 'estado del ser' en el cual podemos aprovechar nuestros recursos internos ilimitados, desarrollando así nuestras abundantes energías potenciales. Cuando hemos alcanzado una conciencia cósmica, tenemos una conciencia y una accesibilidad más precisas y constantes con respecto al mundo que nos rodea, y ello nos permite la libertad de apreciar nuestro entorno, tanto física como metafísicamente. Somos libres de las distorsiones perceptivas y capaces de efectuar una interacción ilimitada y de flujo libre con todas las personas y las cosas contenidas en nuestra estructura medioambiental, externamente o de otra forma. Una vez que esta libertad e independencia se ha convertido a través de la conciencia pura en una realidad que lo abarca todo, dejamos de pertenecer o de formar parte de la tendencia general a percibir el mundo sólo en términos de aquello que "deseamos" externalizar o mediante marcos de referencia preconcebidos. Una vez que hemos alcanzado un estado de estabilidad equilibrado y constante mediante nuestro *dekevut* (adhesión) a la conciencia cósmica, lo cual a su vez nos asegura un flujo ilimitado de energía cósmica pura y sin adulterar, nos liberamos de las dificultades, los problemas y las incertezas de la vida y su existencia.

El elemento primario y fundamental de la elevación a la conciencia cósmica es la purificación de la energía negativa —el *Deseo de recibir sólo para uno mismo*—, tanto en nuestra vida presente como en el equipaje que traemos de encarnaciones previas. El precio que pagamos por percibir e interpretar cada situación en términos de nuestro propio *Deseo de recibir*, tanto pasado como presente, es enorme. Los datos, las categorías y las tendencias sensoriales que emanan de nuestro *Deseo de recibir para uno mismo* limitan nuestra capacidad y nuestra habilidad para observar el mundo que nos rodea, evitando así el disfrute de una interacción positiva con nuestro entorno.

Como se mencionó anteriormente, mientras que la meditación kabbalística proporciona una relajación mental, esto en sí mismo no permite establecer las conexiones correctas con la conciencia cósmica. Debe establecerse firmemente un sistema de comunicación preciso y ordenado para permitir la experiencia de conciencia pura, la cual a su vez infunde una satisfacción ilimitada de pura beneficencia y energía en todas y cada una de las actividades. Este sistema estructurado de forma precisa ya ha sido proporcionado por las *mitzvot* (acciones positivas) y rituales de la Biblia, sujetos, por supuesto, a la integración del sistema con la meditación kabbalística y sus niveles técnicos de funcionamiento.

En una persona completamente dichosa se mantiene

un máximo de libertad interna, permitiendo así que la persona se adhiera a la conciencia cósmica para funcionar y llegar a decisiones que estructuran sus objetivos en función de intereses fundamentales, en lugar intereses a corto plazo. A medida que las fases del desarrollo humano se despliegan mediante la tecnología de la meditación kabbalística, revelando varios niveles de conciencia cósmica, emerge una creciente realización de niveles más refinados de conciencia cósmica. Estos estados puros y nuevos de conciencia revelan y expresan para aquellos con mentalidad espiritual una comprensión plena del amplio espectro de niveles del alma descritos en el *Zóhar* como los mundos del alma de *Nefesh* (espíritu puro), *Ruáj* (espíritu) y *Neshamá* (alma).

El desarrollo de la capacidad de percibir los aspectos más sutiles del entorno inmediato ocurre fundamentalmente en términos de nuestra experiencia con estos tres niveles de conciencia cósmica del alma. El físico moderno ha mostrado que la materia puede clasificarse y medirse en el nivel molecular, atómico y subatómico. De forma similar, la expansión mental y la conciencia pura ocurren en paralelo con la elevación del individuo a través de los tres niveles de la conciencia cósmica del alma.

Según las enseñanzas del gran sabio Hillel en el *Talmud Babilónico, Tratado Shabat*, "Aquello que resulta odioso para ti, no se lo hagas a los demás", es la esencia subyacente y la base del refinamiento de la conciencia cósmica del alma. Nuestra habilidad para percibir los aspectos más puros de todas las cosas y las personas se desarrolla a través de una observación detallada y un esfuerzo concienzudo para seguir el principio básico de Hillel de "ama a tu prójimo", considerando cuidadosamente los sentimientos y las necesidades de nuestros semejantes. Cuando nos relacionamos amorosamente con todo lo que experimentamos, emerge el *devekut* (adhesión) con el nivel más elevado: la conciencia cósmica de *Neshamá* (alma). Esta conciencia es distinta de las relaciones amorosas entre familiares y amigos, que expresan los dos estados inferiores de conciencia cósmica del alma: *Nefesh* (espíritu puro) y *Ruáj* (espíritu).

Este estado de percepción de "ama a tu prójimo" resulta en una disolución completa de las barreras entre el individuo y todo su entorno. Una persona que alcanza este estado de conciencia lo experimenta todo con el mismo grado de importancia que ella tiene para sí misma: la realización del objetivo esencial de la humanidad de transformar el *Deseo de recibir para uno mismo* en *Deseo de recibir para impartir*. Este componente limitante llamado "el cuerpo" deja de ejercer su influencia. Se manifiestan y se mantienen de forma constante estados de percepción extrasensorial. Consecuentemente, la referencia anterior a "asumir el yugo de Dios" es el desarrollo de la conciencia cósmica que yace sobre el lecho de la conciencia limitada. Esto implica aprovechar el factor finito llamado *Deseo de recibir para uno mismo* y elevarse al nivel de la percepción infinita: la conciencia cósmica.

Reconocemos que la energía del *Deseo de recibir* es muy intensa. El *Deseo de recibir* está englobado dentro de un marco físico que ejerce la influencia de la codicia (el *Deseo de recibir para uno mismo* del cuerpo), y también está limitado por las restricciones físicas del tiempo, el espacio y el movimiento. Sin embargo, cuando meditamos antes y durante los rezos, podemos ejercer el poder del alma sobre el cuerpo, y así adquirir el rasgo Divino de impartir, que es el Yugo de Dios. Hacemos de nosotros mismos una bestia de carga —un buey o un burro— que acepta las cargas de sus labores sin quejarse, por muy pesadas que sean. Pero igual que un maestro sabio no sobrecarga a sus animales, el Creador no nos da ninguna tarea que no seamos capaces de realizar. Por lo tanto, cuando nos quejamos, estamos en realidad ejerciendo una forma del *Deseo de recibir*: queremos que nuestra carga se aligere para que nuestro cuerpo físico pueda sentirse más cómodo.

Igual de importante es esta aceptación del Yugo de Dios —que practicamos antes del rezo para afinar nuestro cuerpo y alma— que nuestra capacidad para vencer las limitaciones físicas y liberarnos de la influencia del cuerpo. Podemos lograr esto utilizando la fuerza de nuestra alma, a través de la proyección astral, para someter a nuestro cuerpo a niveles extremos de incomodidad física. Si nos proyectamos del calor al frío, atravesando el gran dolor que la mente inflige sobre el cuerpo, estamos ignorando y negando las limitaciones físicas de nuestro cuerpo y elevando nuestra alma por encima del tiempo, el espacio y el movimiento al sintonizarnos con una longitud de onda espiritual, más que física. De esta forma, creamos un vínculo con nuestra alma universal, con nuestro prójimo y, en última instancia con el Creador; y este es el estado de conciencia cósmica.

Este concepto se halla claramente ilustrado en un pasaje aparentemente difícil del profeta Zacarías, en el capítulo 14:9: "Y el Señor será rey sobre toda la tierra. En aquel día el Señor será uno, y uno su nombre".

Esta es la frase que concluye la sentencia del *Aleinu*, el rezo final que se recita cada mañana, tarde y noche. El *Zóhar* cuestiona las palabras: "...En aquel día el Señor será uno, y uno *Shemó* (Su nombre)". ¿Debemos interpretar que el Señor tiene más de un nombre? Parece haber aquí una distinción implícita entre el Señor y Su Nombre, como si Su Nombre fuera distinto y separado del Señor. El *Zóhar* pregunta qué significa *Shemó* (Su Nombre). Es la misma palabra que se utiliza en el concepto de *Kidush HaShem* (santificando el Nombre), que se considera como el sacrificio primordial: la entrega de la vida de uno a la santificación del Nombre del Señor. ¿Pero por qué se utiliza la palabra *Shem* (nombre)?

Según la *Gematria* (el sistema de numerología formulado en el *Zóhar*) el valor numérico de *Shemó* —*Shin, Mem, Vav*— es 346 (Shin = 300, Mem = 40, Vav = 6). La palabra *ratzón* (Reish = 200, Tzadi = 90, Vav = 6, Nun = 50), que significa "deseo", tiene el mismo valor numérico que la palabra *shemó*. Esto nos proporciona una pista sobre en significado interno y verdadero de *Shemó*

(Su Nombre). Sabemos que el *Deseo de recibir* es diametralmente opuesto a la esencia natural del Creador, que es de impartir. Por lo tanto, las palabras de Zacarías, que se refieren a los días del Mesías, nos dicen que "en aquel día el Señor" —el *Deseo de Impartir*— "y Su Nombre" —ratzón lekabel (*Deseo de recibir*) — "será uno". Entonces es cuando habremos logrado transformar el *Deseo de recibir* en *Deseo de impartir*. Cuando una persona defiende su fe al enfrentarse a un sufrimiento físico, está ofreciendo su cuerpo —el asiento del *Deseo de recibir*— y por lo tanto transformándolo en el aspecto de compartir. De esta forma, esta persona demuestra su creencia en que su esencia no está contenida en el cuerpo físico, y en consecuencia no puede ser afectada por el destino del cuerpo. Ha forzado al cuerpo a servir al alma, en lugar de permitir que el alma sucumba a los dolores y las agonías del cuerpo. Este es el objetivo de aceptar el Yugo de Dios cuando rezamos. Colocamos nuestro cuerpo en una posición de sumisión al alma, de forma que nuestra comunicación pueda llegar a la frecuencia ilimitada, sin obstrucciones de la energía que emana del Creador: el nivel de conciencia cósmica del alma.

CAPÍTULO OCHO

LA NATURALEZA DE LA ENERGÍA PURA

Hemos discutido muchos elementos del poder de la energía pura o metafísica y su infinita superioridad sobre la influencia física del mundo rutinario. La Biblia nos presenta un ejemplo aterrador de la naturaleza y extensión de este poder en su forma más exaltada. En Éxodo 2:11-14, se explica el relato:

"En aquellos días sucedió que crecido ya Moisés, se acercó a sus hermanos, y los vio en sus duras tareas, y observó a un egipcio que golpeaba a uno de los hebreos, sus hermanos. Entonces miró a todas partes, y viendo que no aparecía nadie, mató al egipcio y lo escondió en la arena".

En ninguna parte de este pasaje encontramos ninguna indicación de la manera en que Moisés mató al egipcio, pero los siguientes dos versos amplían la trama:

"Al día siguiente salió y vio a dos hebreos que reñían; entonces dijo al que maltrataba al otro: ¿Por qué golpeas a tu prójimo? Y él respondió: ¿Quién te ha puesto a ti por príncipe y juez sobre nosotros? ¿Piensas matarme como mataste al egipcio?"

"Piensas matarme" es una traducción de tres palabras hebreas: *halhorgeini ata omer*, que literalmente significan: "¿Viniste aquí para matarme, dices?". La expresión *ata omer* (dices) es ambigua y no parece encajar en el contexto de la frase, de ahí la traducción aproximada e incorrecta de "¿Piensas matarme?".

El *Zóhar* concluye que Moisés mató al egipcio con un Nombre Sagrado. Interpreta *halhorgeini ata omer* con el siguiente significado: "¿Estás a punto de matarme igual que cuando dijiste el Nombre Sagrado del Todopoderoso para matar al egipcio?".

Es una experiencia bastante común que las palabras de otro puedan conmovernos o guiar nuestras acciones. Aquí presenciamos el resultado de pasar esa energía a través de un circuito muy poderoso, igual que los utilizados en *Sitrei Torá*, el aspecto oculto de la Torá. *Sitrei Torá* sólo puede ser revelada por parte de un maestro a su estudiante, y sólo cuando el maestro está seguro de que todas las precondiciones se han cumplido. No puede haber duda de que Moisés estaba en ese plano metafísico elevado y era profundamente conocedor de todos los Nombres del Todopoderoso. Para dar muerte al egipcio, utilizó el poder de las letras del alfabeto hebreo de tal forma que, como vehículo y cable para ese poder, podía dirigir las fuerzas de destrucción hacia al mundo físico. (El *Zóhar*, *Beshalaj*).

Sin embargo, Moisés no era el único del que se tiene constancia que ejerciera el poder del Nombre.

Encontramos un incidente similar en el *Zóhar*, cuando Rav Aba explica un relato que le había contado Rav Shimón bar Yojái en nombre de Rav Elazar.

"Un día", escribió Rav Aba, "un cierto tipo inteligente no judío vino a él y le dijo: 'Anciano, anciano, quiero hacerle tres preguntas sobre ustedes. Una es: ¿cómo pueden sostener que se construirá otro templo para ustedes mientras que sólo dos estaban destinados a construirse, el primero y el segundo? No encontrarán un tercero mencionado en las escrituras y, de hecho, está escrito: 'Mayor será la gloria de esta última casa que de la primera' (*Haggai 2:9*). De nuevo, ustedes mantienen que están más cerca del Rey que otras gentes. Aquel que está más cerca del Rey está siempre alegre y libre del sufrimiento y la opresión. Pero ustedes sienten sufrimiento, opresión y angustia, más que el resto de la humanidad, mientras que los no judíos nunca sufren penas ni angustias ni opresión. Esto muestra que nosotros estamos más cerca del Rey y que ustedes están lejos. De nuevo, no pueden comer un animal que ha sido encontrado muerto y por lo tanto la carne de animales que no han sido sacrificados según el rito judío. No pueden comer el *treifot* para proteger su salud, pero nosotros podemos comer lo que queramos y estar sanos y fuertes, pero ustedes no comen y están débiles y más enfermos que otras gentes. Ustedes son un pueblo que es odiado por su Creador, anciano. Anciano, ¡no me diga nada por que no le escucharé!'".

El *Zóhar* nos dice que Rav Elazar simplemente elevó su mirada y la dirigió a aquel hombre, y el hombre se convirtió en un "montón de huesos".

En ambos casos, el *Zóhar* discute la justificación de las acciones, pero la relevancia que esto tiene para nosotros es reflejarnos la naturaleza horrible de las acciones mismas; no como un objetivo deseable del estudio de la Kabbalah, Dios no lo quiera, sino para demostrar la extensión asombrosa de la energía que está disponible para todos nosotros. Está a nuestro alrededor, sin ser percibida ni realizada, a cada momento.

También debemos considerar que cada forma de energía tiene dos aspectos: el positivo y el negativo. Los ejemplos que hemos dado involucraban el uso de tal energía en su aspecto negativo como un agente de destrucción, pero nunca debemos olvidar las ocasiones en las que tal energía fue utilizada para crear y construir. La energía en sí misma, como toda la energía, es esencialmente neutral. No es más que la sustancia que fluye por los cables: el mensaje que pasa de una parte del sistema de comunicaciones a otro. Sólo se realiza y se pone en uso a través del vehículo de un ser humano, y su consiguiente uso, sea positivo o negativo, dependerá del *Deseo de recibir* del ser humano que la utiliza.

Generalmente hablando, el alma de un hombre sólo puede utilizarse con propósitos pacíficos por aquellos que han transcendido las limitaciones del cuerpo o del *Deseo de recibir sólo para uno mismo*. Las limitaciones del cuerpo y del *Deseo de recibir sólo para uno mismo* son uno y lo mismo. Sin embargo, nuestra sociedad ha elegido descuidar la Columna Derecha —la columna de impartir y compartir— y ha pasado a estar totalmente dominada y ocupada por el *Deseo de recibir*, que es la Columna Izquierda. En la actualidad somos testigos de grandes y apasionantes avances en la tecnología del reduccionismo —la eliminación de los aspectos del tiempo, el espacio y el movimiento— los cuales, si se hacen correctamente, deben ir seguidos de una trascendencia del cuerpo; sin embargo, en la ausencia del equilibrio necesario entre las Columnas Derecha e Izquierda, llevará sólo a una glorificación de lo trivial y lo efímero. Los resultados serán una devastación y una destrucción generalizadas.

Como prueba de ello, sólo necesitamos observar los cambios en la naturaleza de las armas de los últimos cien años. Hemos visto un progreso continuo hacia la raíz de la destrucción, lo cual, aunque nuestros científicos no sean conscientes de ello, es también la raíz de la Creación: el átomo básico. En la actualidad tenemos misiles balísticos intercontinentales, guerras bacteriológicas, bombas nucleares, bombas de neutrones, láseres y la posibilidad de destruir desde los satélites que orbitan. Los grandes poderes están incluso experimentando con los medios para obtener provecho del poder de la mente con el fin de crear destrucción. Verdaderamente, hemos trascendido el tiempo, el espacio y el movimiento cuando millones de personas pueden morir con sólo apretar un botón. Pero la destrucción por sí sola es sólo un esbozo.

Debemos recordar el pasaje del *Zóhar* que discute las dos maneras en las que puede venir el Mesías. Una incluye la diseminación del conocimiento de la Torá y la Kabbalah por todo el mundo —y la predicción de que "el leopardo se tumbará junto al cordero" —, lo cual significa que a través de los esfuerzos y la comprensión de la Kabbalah, la inhumanidad del ser humano hacia su prójimo llegará a su fin. La otra alternativa que se ofrece en el *Zóhar*, en el caso en que no tengamos la voluntad para aceptar el primer camino, es inquietantemente familiar a los usos a los que se está poniendo esa unidad básica del universo: el átomo. El *Zóhar* predice esta posibilidad cuando dice: "Una bola de fuego bajará desde los cielos…" (*2 Crónicas* 7:1).

Si queremos evitar este destino terrible, debemos darnos cuenta de que lo que ocurre en este nivel físico mundano, incluidos los avances en el armamento científico, son sólo reflejos de niveles avanzados de inhumanidad. Sin embargo, al mismo tiempo tales sistemas anuncian una posible promesa de que esta nueva sofisticación pueda ser utilizada para crear paz y entendimiento universal. La ciencia nos ha dado, en un grado sin precedentes, los medios para trascender el *Deseo de recibir* —salud, alimento, hogar, transporte— pero todavía no nos ha mostrado dónde debe llevarnos esta nueva libertad. Se nos han otorgado 6.000 años para alcanzar un estado de disposición para el Mesías. Está claro que si queremos llegar a este punto vamos a necesitar un fuerte equilibrio para compensar el "progreso" parcial de la ciencia. Este equilibrio es el conocimiento y el entendimiento de la sabiduría de la Kabbalah.

CAPÍTULO NUEVE

LA NUEVA ERA
DE LA FÍSICA

En las últimas décadas, la investigación del mundo atómico y el subatómico ha revelado un insospechado desacierto de ideas aceptadas, demandando una revisión radical de muchos de nuestros conocimientos básicos sobre la naturaleza del universo. Ciertamente, la idea de la materia en la física moderna es completamente distinta a la que la física clásica se adhirió en su estudio de la sustancia material.

Los conceptos del tiempo, el espacio y el movimiento también han sufrido grandes cambios, impuestos primordialmente por las teorías cuánticas y de la relatividad de Einstein. Estos cambios han provocado una transformación fundamental de nuestra percepción del cosmos, tanto desde un punto de vista físico como filosófico, mediante la revelación de un paralelismo asombroso entre ideas representativas de la física moderna y aquellas expresadas en la sabiduría de la Kabbalah, paralelismos hoy en día reconocidos por algunos de los físicos más renombrados de nuestro siglo.

Al explorar el mundo subatómico del siglo XX, algunos de los gigantes del mundo de la ciencia entraron en contacto con la cultura del Este y quedaron embelesados por lo que encontraron allí. Tal como se ha mencionado, el misticismo del Este se queda muy corto desde el punto de vista kabbalístico de la física, pero debido a que la visión del Este también se originó con Avraham el Patriarca, contiene muchos de los elementos básicos que se encuentran en la Kabbalah.

Estas son las reacciones de algunos de los mejores científicos empíricos de este siglo en relación a esta antigua sabiduría:

> "Las ideas generales sobre el entendimiento humano que están ilustradas por los descubrimientos en la física atómica no pertenecen a la naturaleza de las cosas totalmente desconocidas, no oídas o nuevas. Incluso en nuestra propia cultura tienen una historia, y en el pensamiento budista e hindú ocupan un lugar central y considerable. Lo que encontraremos es una ejemplificación, un fomento y un refinamiento de sabiduría antigua".
>
> —Julius Robert Oppenheimer, *Science and the Common Understanding* (La ciencia y el conocimiento común).

"Para encontrar un análogo a la lección de la teoría atómica, debemos acudir a aquellos tipos de problemas epistemológicos con los cuales Buda y Lao Tzu ya se confrontaron al intentar armonizar nuestra posición como espectadores y actores en el gran drama de la existencia".

—Niels Bohr, *Atomic Physics and Human Knowledge* (La física atómica y el conocimiento humano).

"La gran contribución científica en la física teórica procedente de Japón desde la última guerra puede ser un indicativo de cierta relación entre las ideas filosóficas de la tradición del Lejano Oriente y la sustancia filosófica de la teoría cuántica".

—Werner Heisenberg, *Physics and Philosophy* (Física y filosofía).

"Por lo tanto parece inevitable que la realidad física debe describirse en términos de funciones continuas en el espacio. El punto material, por consiguiente, difícilmente puede seguir concibiéndose como el concepto básico de la teoría".

—Albert Einstein citado por Werner Heisenberg, *Physics and Philosophy* (Física y filosofía).

"La ciencia no puede resolver el misterio esencial de la naturaleza, y eso se debe a que, en última instancia, nosotros mismos formamos parte de la naturaleza, y por lo tanto parte del misterio que estamos tratando de resolver. La música y el arte son, en cierta medida, intentos de resolver o al menos expresar ese misterio. Pero en mi mente, cuanto más progresamos con ambos, más nos armonizamos con toda la naturaleza".

—Max Planck, *The Universe in the Light of Modern Physics* (El universo en luz de la física moderna).

De estos pasajes podemos concluir que la comunidad científica continua guiándonos hacia una visión del mundo que es fundamentalmente metafísica. Los fundamentos de la física moderna han sufrido una transformación radical, y con estos cambios han emergido fuertes similitudes entre los conceptos básicos de la Kabbalah y los de las filosofías del Este en su descripción del mundo subatómico. Los paralelismos entre las dos escuelas de pensamiento se vuelven cada vez más sofisticados y precisos. Las consecuencias de estos experimentos han sacudido las bases del punto de vista del mundo de la física. Einstein, después de experimentar este inesperado encuentro con la nueva verdad de la física, escribió en su autobiografía:

"Todos mis intentos de adaptar el fundamento teórico de la física a este (nuevo tipo de) conocimiento fracasaron completamente. Era como si la tierra hubiese sido quitada de debajo de mis pies, sin ningún cimiento firme a la vista, sobre el cual poder construir".

—*Albert Einstein: Philosopher-Scientist* (Albert Einstein: Filósofo-Científico)

Werner Heisenberg, en una reacción similar a su nueva experiencia, escribió: "La reacción violenta al reciente desarrollo de la física moderna sólo puede entenderse cuando se advierte que los fundamentos de la física han comenzado a vacilar, y que esta vacilación ha provocado el temor de que la ciencia pueda quedarse sin cimientos".

—*Physics and Philosophy* (Física y filosofía)

A lo largo de este viaje hacia el mundo de los átomos, surgieron problemas y limitaciones severas a la hora de comunicar aquello que se había observado y experimentado, y de repente, los físicos descubrieron que este lenguaje ordinario no podía describir más de forma adecuada las paradojas y la naturaleza aparentemente contradictoria de las cosas.

Los kabbalistas sabían que es precisamente este problema el que debe superarse para que el hombre obtenga acceso a la "cámara interna" de la naturaleza esencial de la existencia. En *Las Diez Emanaciones Luminosas*, escrito por Rav Áshlag, dice: "El kabbalista perfeccionó un lenguaje específico a través del cual pueden entenderse conceptos metafísicos metafóricos, permitiendo así al profesor comunicar su conocimiento sobre la naturaleza fundamental de las cosas que están tan lejanas a nuestra percepción sensorial". En el presente, los físicos pueden acceder al reino subatómico sólo a través de la observación de un proceso de reacción y contra-reacción, pero no pueden observar los fenómenos en sí mismos.

Debido a que el interés en las filosofías metafísicas se vuelve cada día más aparente dentro de la comunidad científica, uno puede esperar realmente la desaparición de la dicotomía que ha ocultado durante tanto tiempo la armonización entre el camino espiritual de la Kabbalah y la ciencia occidental de la tecnología.

Hace 35 años, la misma palabra "Kabbalah" era tan desconocida para el mundo en general que a menudo se le preguntaba a nuestra organización —por aquel entonces llamada Instituto Nacional para la Investigación de la Kabbalah— dónde se encontraba este sitio llamado Kabbalah. Un nuevo fotógrafo, contratado para retratar una de nuestras clases, se inventó una imagen todavía más extraña. El fotógrafo, cuando se le dijo que se reuniera con el reportero que iba a entrevistarme en la clase, preguntó: "¿Cuán grande es su Kabbalah? ¿La llevará con él?".

Afortunadamente, las cosas están cambiando. Hoy en día estamos presenciando un continuo crecimiento e interés en el estudio de la Kabbalah; no como una religión oscura o de moda, sino como un manual práctico para entender y utilizar el 90% de nuestros poderes mentales que en la mayoría de nosotros yacen escondidos e inexplorados tras los velos de nuestro altivo *Deseo de recibir*. Ciertamente, la Kabbalah nos revela el potencial infinitamente mayor de la mente humana funcionando en plena capacidad. Si queremos alcanzar nuestro potencial espiritual —lo esencial entre el equilibrio y la pureza— debemos primero experimentar la profundidad del *Deseo de recibir* del cuerpo. Sólo cuando llegamos a las profundidades del mal podemos convertir nuestro vasto *Deseo de recibir* en un *Deseo de impartir* de igual fuerza. Cuanto mayor sea la habilidad del *Deseo de recibir* para absorber y restringir la Luz del Creador, mayor será la Luz revelada.

Rav Brandwein solía contar la historia de un hombre pobre que se encontró incapaz de mantener a su familia. Un día, un amigo le habló de una isla tan lejana que le llevó seis meses en llegar. Pero una vez llegara, encontraría tantos diamantes que podría traer los suficientes como para hacer rica a su familia para toda la vida.

Después de consultar con su familia, el hombre decidió que los rigores del viaje y el dolor de la separación de sus seres queridos serían ampliamente compensados por la recompensa que traería de vuelta, así que se embarcó en un barco en dirección a aquella maravillosa isla. Cuando llegó, vio que lo que su amigo le había contado era cierto. Los diamantes se encontraban a montones, allí donde miraba. Rápidamente, empezó a llenar bolsillos, bolsas y cajas con las piedras preciosas, pero le interrumpió un hombre para informarle de que no necesitaba correr tanto, pues el barco no volvería hasta dentro de otros seis meses. Obviamente, tendría que encontrar alguna manera de ganarse la vida en la isla durante aquel periodo de tiempo, pues los diamantes que había recogido eran tan comunes allí que no poseían ningún valor. Después de preguntar, le dijeron que la cera es un producto poco frecuente y caro en la isla, y que un hombre con la paciencia y la habilidad para hacer velas prosperaría.

El hombre se puso a trabajar, y pronto se volvió un experto en hacer velas y ganó dinero suficiente para vivir una vida cómoda y próspera en la isla. Al final de los seis meses, cuando llegó el momento de volver a casa, se había olvidado totalmente de los diamantes, pues carecían de valor en la isla. En su lugar, partió con sus maletas llenas de velas, que para aquel entonces representaban para él la personificación de lo excepcional y del valor.

Después de seis meses de viaje en barco, llegó a su costa nativa y fue recibido con entusiasmo por su familia. Sin embargo, puedes imaginarte su decepción cuando se dieron cuenta de que se había olvidado del verdadero propósito de su estancia y había regresado con nada más que velas carentes de valor, en lugar de diamantes.

Nosotros también estamos en peligro de olvidar el verdadero propósito de nuestra corta estancia en esta

Tierra. Nuestro *Deseo de recibir* es fuerte; y así debe ser. Pero no lo es todo en nuestra existencia. El propósito de este libro es mostrarte cómo, a través de las enseñanzas del *Zóhar*, podemos utilizar este *Deseo de recibir* para conectarnos con la Fuente de toda la energía. Además de ser mucho mejor que los diamantes, la Luz Divina de la Creación es la única piedra preciosa del universo.

SEGUNDA PARTE

LA PASCUA (PÉSAJ): UNA INTRODUCCIÓN GENERAL

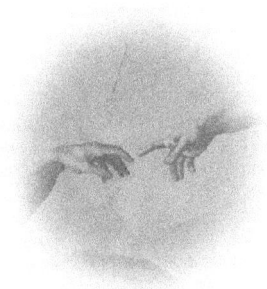

CAPÍTULO DIEZ

LA LUZ Y LA VASIJA

Aprendemos de la Kabbalah que cada estructura completa que se manifiesta en el universo contiene las *Diez Sefirot*. Las *Sefirot* son Vasijas que contienen todas las formas de energía encapsuladas a través de las cuales se crea todo. Esto es especialmente cierto para todas las *mitzvot* y los rezos, pues cuando se entienden correctamente actúan como una fórmula para crear un cable a través del cual la energía metafísica baja hasta nosotros para que podamos conectarnos con el reino de la conciencia cósmica mientras todavía estamos en el mundo físico.

Esta energía existe en su forma más pura en el Tetragrámaton (*Yud, Hei, Vav* y *Hei*): el Nombre de Dios de cuatro letras que Moisés utilizó cuando dio muerte al egipcio. El Tetragrámaton es el vehículo que contiene el estado de la energía más puro e imaginable. A diferencia de Moisés, nosotros no podemos controlar una energía tan poderosa y pura, de la misma forma que no podemos controlar el poder descontrolado de la fisión nuclear o la irrefrenable corriente de una central eléctrica. Para que esta energía pura nos resulte útil, primero debe transformarse para que su fuerza se rebaje a un nivel en el que podamos conectarnos con ella sin lastimarnos.

Considera, por ejemplo, la electricidad que utilizamos en nuestros hogares; todavía contiene la misma forma esencial que tenía en su fuente, pero estamos protegidos de sus efectos negativos mediante las fases trasformadoras o los vehículos restrictivos que la traen hasta nosotros. La oración de *Kriat Shemá* funciona precisamente de la misma manera. Contiene la misma energía metafísica que existe en el Tetragrámaton, pero a través del medio de las palabras contenidas en el rezo, ese poder se lleva a un nivel desde el cual podemos obtener el máximo beneficio de la energía sin ser lastimados por ella.

Pésaj se considera un proceso de transformación porque conectamos con la estructura de las *Diez Sefirot* y con sus energías, que se vuelven disponibles para nosotros en este momento en particular.

En cualquier intento de conectar con la energía metafísica, es muy importante que el cable a través del cual atraemos la energía hasta nosotros sea capaz de contenerla. Si el cable o vehículo es demasiado débil, no podrá contener la energía adecuadamente, y si el cable es demasiado fuerte y restrictivo, entorpecerá el flujo de energía. En ambos casos, nuestra intención original de conectarnos con una cierta forma de energía no será plenamente realizada. Consecuentemente, cuando nos referimos a los distintos aspectos de las *Sefirot*, estamos en realidad hablando sobre las diferentes formas que pueden transferir la energía.

La fuerza de un estado particular de la energía y la forma en que esta energía se manifiesta depende de la capacidad de la Vasija que la expresa. Igual que el brillo de una bombilla de luz puede medirse por el grosor o resistencia del filamento que recibe la corriente eléctrica, la fuerza y la efectividad de cualquier energía en estado potencial está directamente relacionada con la capacidad y la idoneidad del medio que la transfiere y la convierte de un estado al otro. Visualiza la bombilla una vez más. Su delgado filamento es el medio que convierte el estado de energía que llamamos electricidad al estado de energía que llamamos luz. Pero si queremos obtener calor de la bombilla, debemos utilizar un medio o transformador distinto; en este caso, un filamento más grueso.

Una Vasija tiene un efecto determinado y definidor sobre la energía que recibe. Cuando examinamos los dos aspectos —Luz (energía) y Vasija (receptor) — desde un punto de vista metafísico, descubrimos que la Vasija es la manifestación física de la energía metafísica y no observable del *Deseo de recibir*.

La característica de la Luz y la característica de la Vasija representan a toda la existencia. El potencial de la Luz depende de cómo se manifieste la Vasija. La Luz y la Vasija existen en el reino metafísico y pueden manifestarse en un plano mundano y físico, donde la Luz es el *Deseo de impartir* y la Vasija es el *Deseo de recibir*.

El *Deseo de recibir* también existe en los objetos inanimados —como la bombilla— pero sólo en su forma inactiva, mientras que en la bombilla esta energía está precisamente gobernada y controlada por las leyes de la física. Entonces encontramos que las limitaciones del universo físico sólo se disipan cuando observamos al hombre, lo cual nos fuerza a tomar en consideración la participación activa de la Vasija y su *Deseo de recibir* en el proceso de transformar la energía de un estado a otro.

Uno de los conceptos esenciales y llamativos relacionados con el *partzuf* (estructura) del *Ein Sof* (Mundo sin fin) es el papel central de la transformación de la energía en el proceso de evolución y desarrollo. Toda transformación es un proceso de Causa y Efecto, y la Causa y el Efecto también se manifiestan en la interacción entre la energía masculina (que comparte) y la energía femenina (que recibe).

Ein Sof es la fuente de la cual emanan todos los niveles de la existencia. Funciona a través de una interacción de opuestos. De la misma forma que la rama de un árbol brota y está en armonía con la raíz oculta del árbol, existe una relación entre los polos opuestos de todos los niveles de la Creación que emergen de Ein Sof. Esto, a simple vista, podría parecer una paradoja, porque cuando nos enfrentamos a polos opuestos solemos enfocarnos en sus diferencias en lugar de la afinidad que existe entre ellos. La idea de una unidad intrínseca de opuestos parece ajena a nuestra forma de pensar. Sin embargo, según la comprensión kabbalística de la

Creación original, la Causa y el Efecto, así como lo masculino y lo femenino, son polaridades en las que cada "polo opuesto" pertenece al reino de la Luz y la Vasija. En otras palabras, estos aparentes "opuestos" no están asignados a categorías diferentes y exclusivas, sino que son distintos aspectos de la misma manifestación unificada de energía. Esto podría compararse con los polos positivo y negativo de una corriente eléctrica que, aun siendo diametralmente opuestos en su efecto observable, son en realidad diferentes manifestaciones de la misma energía interna.

Podemos hallar otro ejemplo que puede ayudar a ilustrar este punto en dos recipientes de cristal de distinto color llenos de agua. El agua que contiene cada recipiente parece tener un color diferente, pero en realidad el agua (que representa en este caso una forma de energía) es idéntica en ambos recipientes. La Luz (la energía) y la Vasija (el receptor) parecen ser opuestos: un aspecto extendido de la energía del Ein Sof. Pero en última instancia, se reducen a la misma energía, pues ambas emanan del Ein Sof.

La revelación de Rav Yehudá Áshlag sobre esta unidad dentro del *Ein Sof* sacudió los cimientos del pensamiento kabbalístico. Constituye uno de los aspectos más asombrosos y misteriosos del Ein Sof: el concepto de *HuShemó ejad* (Él y Su Nombre son Uno). Esta revelación se ha convertido en la raíz de la visión kabbalística del universo. "Él" representa a la Luz y "Su Nombre" representa a la Vasija o receptor de la Luz.

Aunque son diametralmente opuestos en cuanto a sus atributos esenciales, la Luz y la Vasija son dos manifestaciones del todo. Este punto se alude cuando observamos que el valor numérico de las palabras hebreas shemó (Nombre) y ratzón (deseo o Vasija) es en ambos casos 346. Esto no significa que la Luz y la Vasija sean iguales en cuanto a sus respectivas funciones, sino simplemente que una debe complementar a la otra para producir una interacción y un flujo de energía. La Luz y la Vasija, mientras que mantienen sus cualidades individuales únicas, deben existir en una relación recíproca en la unidad de la Creación que todo lo abarca.

CAPÍTULO ONCE

LA DINÁMICA DEL MAL

Cuando consideramos la relativa y sin embargo polar relación entre los opuestos, hay un aspecto importante que según el punto de vista kabbalístico de la "unidad de las cosas" no está incluido dentro del marco de la unidad que todo lo abarca. Se trata del dinamismo del mal.

Según Rav Áshlag, el mal es el aspecto egoísta del *Deseo de recibir*: el *Deseo de recibir sólo para uno mismo*, que permanece en un estado de separación eterna de la Luz y no se considera una parte del todo unificado.

Uno puede preguntarse legítimamente cómo podemos reconocer la Luz como una entidad separada en la ausencia de oscuridad. ¿Cómo podemos reconocer y aislar el concepto de bondad cuando el mal no existe como parte de la misma unidad?

Se sabe que cuando la luz empieza a desaparecer durante la puesta de sol es cuando se manifiesta en el mundo la mayor cantidad de maldad. Esto implica que el mal está relacionado con la Luz. En *Génesis 1:3-5*, leemos que el Señor creó el día y la noche, la luz y la oscuridad. Esto plantea dos preguntas: primero, ¿qué es el mal?, y segundo, ¿cómo y dónde encaja el mal en el marco de la Creación propuesta por las enseñanzas de la Kabbalah?

La respuesta a estas preguntas sólo puede entenderse si nos damos cuenta de que hay dos elementos claramente separados que existen dentro del concepto "Vasija". Uno es el *Deseo de recibir con el propósito de compartir*, que emana del Sistema de Santidad, o Sistema Limpio. El otro es el *Deseo de recibir sólo para uno mismo*, que emana del Sistema Impuro. Los demonios y las klipot son fuerzas negativas que no contienen ningún *Deseo de impartir*.

Este tipo de negatividad está eternamente separada de la Luz, pero debe haber un elemento de positividad en todos los factores negativos para que puedan estar en posición de complementar el polo positivo del átomo (la Luz) y por consiguiente completar y formar parte de la unidad y el circuito que todo lo abarca. La esencia del *Deseo de Recibir* con el propósito de impartir es positiva, y por tanto, tiene afinidad con el polo positivo del átomo (la Luz), y de esta forma complementa y completa el circuito de unidad que todo lo abarca, el cual siempre contiene tanto el polo positivo (la Luz) como el negativo (la Vasija).

Cuando la Biblia se refiere en el Génesis a la relación entre la Luz (positivo) y la oscuridad (negativo), o entre el día (Luz) y la noche (Vasija), el aspecto negativo al que se refiere es el *Deseo de recibir con el propósito de impartir*. Esto se debe a que en el primer día de la Creación, la unidad que todo lo abarca descrita como *yom ejad* excluyó el aspecto del *Deseo de recibir sólo para uno mismo*. No fue hasta la entrega de la Torá completa en el monte Sinaí, en forma codificada, que la sabiduría de la Kabbalah descodificó y reveló posteriormente la existencia de la fuerza verdadera de la negatividad, que es el *Deseo de recibir sólo para uno mismo*.

La unidad de varias formas y niveles de energía que son aspectos independientes e inseparables del gran todo cósmico, no incluye sin embargo el concepto del *Deseo de recibir sólo para uno mismo*. El *Zóhar* dice que el estado de negatividad no es otra expresión de la misma realidad fundamental de energía de Luz, sino que es una entidad aislada que continúa funcionando como una fuerza en nuestro mundo físico. No puede ser eliminada hasta que el hombre transforme su *Deseo de recibir para uno mismo* en *Deseo de recibir para impartir*. Hasta que eso suceda, la negatividad luchará por convertirse en parte de la unidad que todo lo abarca.

La separación de las fuerzas del mal con respecto a la unidad de la Creación es crucial para el entendimiento de la Kabbalah. La única y verdadera naturaleza de los Israelitas se vuelve clara cuando las enseñanzas de la Kabbalah se contrastan con las enseñanzas de las doctrinas místicas religiosas del Este, aunque las dos, en la superficie, parezcan ser similares. Sin embargo, estas similitudes tienen su fuente en filosofías y procesos mentales muy distintos. Ambos sistemas creen que el mismo acto de concentrarse en una imagen crea su opuesto, lo cual significa que la existencia de Dios debe traer inevitablemente la existencia del mal. El místico oriental se esfuerza por trascender el reino de los conceptos intelectuales, para finalmente darse cuenta de que el bien y el mal son dos aspectos de la misma realidad, como los símbolos chinos del Ying y el Yang. Esta unidad fundamental de todos los aspectos del universo, incluidos el bien y el mal, es la característica central del punto de vista oriental del mundo, pero es una visión que no está aceptada por la Kabbalah.

Según el *Zóhar*, el mal nunca puede formar parte de este universo porque esta visión del mundo implicaría necesariamente que el Creador de la Luz y la Vasija debe también incluir esta característica llamada el mal, ¡Dios no lo quiera! Esta implicación fue descrita en su totalidad en el libro *Kabbalah for the Layman* (Iniciación a la Kabbalah), en el cual se explica que la unidad del *Ein Sof* (el Mundo sin fin) nunca pudo haber contenido el aspecto del mal. Como ya hemos mencionado, la Vasija creada dentro del *Ein Sof* es un receptor puro y no adulterado de la energía cósmica incorrupta referida como *Or de Jojmá* (Luz de Sabiduría). La Vasija se conoce en las enseñanzas de la Kabbalah como la manifestación femenina de la energía cósmica, o el *Deseo de recibir con el propósito de impartir*. Como tal, ha sido identificada dentro del *Ein Sof* (el Mundo sin fin) como Luz pura.

Sin embargo, este peculiar concepto del *Deseo de recibir* puro, sirvió indirectamente como raíz fundamental para el mal. Aunque la manifestación fundamental del mal en nuestro mundo resulta indirectamente de este *Deseo de recibir* puro, el *Deseo de recibir sólo para uno mismo* no puede existir en el mismo nivel o extraer energía de la misma fuente, que es la unidad de la Creación que todo lo abarca. El *Deseo de recibir sólo para uno mismo*, en y por su propia naturaleza, nunca compartió su estado con la unidad que todo lo abarca. Por consiguiente, el mal nunca se manifestó como un aspecto de la realidad fundamental de unidad absoluta.

Cuando elegimos *Recibir con el propósito de impartir*, estamos haciendo uso de la fuerza de energía de la Columna Central que Moisés dio a conocer al pueblo en el monte Sinaí. Por lo tanto, los Israelitas que estaban en el monte Sinaí recibieron el nombre de *am segulá* (literalmente, el pueblo elegido), o el pueblo de la Columna Central. Debe enfatizarse que todo el propósito de entregar la Torá fue simplemente para proporcionar a la humanidad esta energía de la Columna Central, para que se pudiera lograr una conciencia cósmica esencial. Que una persona escoja o no hacer uso de esta fuerza disciplinaria recientemente revelada es su libre elección. Esta fuerza de energía particular puede proporcionar una oportunidad para alcanzar un estado elevado de conciencia concentrada en el cual la persona se encuentra en posición de conectar con las seis *Sefirot* de *Zeir Anpín*: la conciencia pura del alma cósmica en el *Magen David* (Escudo de David). Cuando nos conectamos con el efecto de las influencias cósmicas de *Zeir Anpín*, esta conexión se siente de forma tan intensa que altera drásticamente toda la cosmología tal como la observamos y la conocemos en la actualidad.

Esta fuerza de energía cósmica única nos proporciona una estructura metafísica diferente. Cuando decidimos hacer uso de esta energía de la Columna Central, podemos determinar la unidad básica del cosmos y la forma en que se manifiesta, influenciando así al mundo. Cuando hacemos uso de la energía de la Columna Central, se establece una conexión básica entre las dos fuerzas polares, la negativa y la positiva, creando así una unidad indivisible y que todo lo abarca.

Muy poca atención se le presta a esta asombrosa revelación, la cual, según la visión kabbalística del mundo, es la fuerza de energía subyacente y fundamental para la supervivencia de toda nuestra civilización.

Es posible tomar este concepto de la fuerza de energía de la Columna Central y ampliar su significado reflexionando sobre las siguientes palabras del afamado físico nuclear Robert Oppenheimer, el padre de la bomba atómica: "Si preguntamos, por ejemplo, si la posición del electrón sigue siendo la misma, debemos responder que no. Si preguntamos si la posición del electrón cambia con el tiempo, debemos responder que no. Si preguntamos si el electrón está en reposo, debemos responder que no. Si preguntamos si está en movimiento, debemos responder que no".

Esta declaración de Robert Oppeheimer parece paradójica porque está llena de contradicciones. Sin embargo, la Kabbalah revela que el electrón tiene dos esencias: el *Deseo de recibir* sólo para uno mismo y el *Deseo de recibir con el propósito de impartir*. Cuando el *Deseo de recibir con el propósito de impartir* se activa por parte de la fuerza de energía de la Columna Central, el electrón, mientras que sigue conservando sus cualidades únicas, cambia su comportamiento y se fusiona con un protón para formar una unidad básica en la forma de átomo de hidrógeno.

Este punto de vista kabbalístico que emerge de la naturaleza dual del electrón, y su dependencia con respecto a la acción del hombre, es clave para eliminar muchas visiones paradójicas y contradictorias a las que se enfrenta la comunidad de físicos contemporáneos.

Esta asombrosa revelación reconcilia la afirmación paradójica de Oppenheimer sobre el electrón. El electrón es dual, y sus dos caras están determinadas en todo momento por la acción o la inacción del hombre. El movimiento de la observación depende de las influencias cósmicas relacionadas con ese electrón en particular, pero la influencia cósmica ya ha sido predeterminada por las acciones de la humanidad.

CAPÍTULO DOCE

EL CONOCIMIENTO COMO ENERGÍA CÓSMICA

Antes de intentar conectar con cualquier tipo de fuerza de energía, debemos ampliar nuestra comprensión metafísica de la Luz y la Vasija. Ciertamente, una comprensión de la metafísica fundamental es una parte integral de la comunicación, sin la cual el *devekut* (adhesión) verdadero nunca puede llegar a materializarse.

En *Génesis 4:1*, está escrito: "Y Adán conoció a Eva, su mujer, y ella concibió y dio a luz a Caín". Según el *Zóhar*, el uso de la palabra "conoció" se refiere al acto sexual, pero esta idea plantea muchas preguntas.

¿Por qué utiliza el verso la palabra "conoció" para describir el acto de conexión sexual? ¿Cuál es el verdadero significado de este mensaje codificado?, ¿y por qué se utiliza la palabra "conoció" en este verso cuando existen palabras similares en hebreo que hubieran explicado el pasaje de una forma más explícita?

El *Zóhar* explica que lo que descubrimos en este profundo verso es que la verdadera conexión con las fuerzas metafísicas depende del conocimiento que se deriva del establecimiento de los cables adecuados. El conocimiento es una parte integral de esto, y ciertamente de cada sistema de comunicaciones, porque sin tal conocimiento, cualquier sistema es inefectivo. Por lo tanto, cuando Adán "conoció" a Eva, estableció un método de comunicación clara a través del cual la energía metafísica podía ahora fluir libremente.

Es necesario explicar con más detalle los términos kabbalísticos utilizados para describir la totalidad de la transferencia de energía —la Luz y su cable, la Vasija— de forma que nos permita entender plenamente este sistema a través del cual podemos identificar y conectarnos con la energía cósmica que está a nuestra disposición en el universo.

La ignorancia está muy presente en nuestra sociedad, pues hay muy poca o ninguna conciencia de la importancia de armonizar el medio (o cable) con la energía que va a contener. En un intento por llegar a la raíz de la energía de nuestra comida, purificamos, concentramos, extraemos y deshidratamos, ignorando por completo las Vasijas proporcionadas por el Creador para que cada una de ellas contenga cierta forma de energía. Igual que el *Kriat Shemá* fue creado para nosotros como la Vasija más perfecta que puede contener la bendición de nuestro Señor, la energía contenida en cada animal, fruta y grano que utilizamos como comida es canalizada de forma más perfecta cuando se encuentran en su forma natural o *Sefirá* (Vasija). Sin embargo, todavía no nos hemos dado cuenta de que la comida en su estado natural ya se encuentra en la forma más adecuada para cubrir nuestras necesidades físicas y metafísicas.

Al procesar la comida artificialmente, eliminamos la Vasija natural en un intento vano de obtener la esencia interna de la comida. Como resultado, nuestros cuerpos se ven forzados a conectar con una forma de energía que, debido a su construcción no natural y sintética, no podemos absorber correctamente. En el nombre de la conveniencia y la economía, hemos empezado a alterar las formas de energía que utilizamos, ignorando los efectos dañinos que tales alteraciones puedan tener sobre nuestros cuerpos. Esto sería como decir que sólo nos manejaremos con la electricidad, ya que representa la raíz del poder que buscamos, y prescindiremos de los cables y el aislante porque sólo son envoltorios externos.

El *Zóhar* enseña que la energía contenida en la comida —o, más concretamente, en cualquier manifestación de este universo físico— es todo un aspecto de la misma fuerza de energía unificada a partir de la cual se creó el mundo y a través de la cual seguimos existiendo. Las leyes concernientes a la energía son las mismas en cualquier forma en que las encontremos. Sin embargo, para que nosotros obtengamos el máximo beneficio de cualquier forma de energía, ésta debe estar contenida en una *Sefirá* (Vasija) apropiada para el nivel de energía con el fin de protegernos y permitirnos obtener el máximo beneficio de ella.

La diferencia básica entre el hombre y el resto de la

Creación es que todas las criaturas y plantas que utilizamos como alimento representan un armonía perfecta de Luz y Vasija, pues cada una de ellas fue creada en su forma final de forma que su Vasija (su apariencia física) fuera apropiada para la cantidad de Luz (energía) que es capaz de almacenar. El hombre es el único ser de toda la Creación que tiene la capacidad y el potencial de elevarse por encima de los límites de su forma física conectándose conscientemente con todos los distintos tipos de energía que están presentes en el universo.

Al estudiar los distintos elementos de *Pésaj*, podemos aprender los principios que gobiernan la forma en que nos conectamos con los distintos grados y niveles de energía, y al aprender estos principios también podemos entender las condiciones y razones que unen al reino físico y el reino metafísico.

CAPÍTULO TRECE

SÚPER SIMETRÍA: LA COLUMNA CENTRAL

Cada misil tiene dos partes: el cuerpo, que contiene el medio de propulsión, y la cabeza, donde se aloja el poder destructivo. El sistema de destrucción física es muy similar en estructura a los sistemas de destrucción metafísicos descritos en el *Zóhar*. Si el misil va a ser destruido o anulado, la *rosh* (cabeza), debe desactivarse. En la tecnología de la Kabbalah este es el papel y la función de la Columna Central.

La Columna Central es la energía de restricción o resistencia. Cuando la energía negativa (el *Deseo de recibir sólo para uno mismo*) de la Columna Izquierda (el *Deseo de recibir*) se activa, la Columna Central actúa para restringirla. No es el *Deseo de recibir* del cuerpo (las seis *Sefirot* o *Zeir Anpín*) lo que se restringe, pues este *Deseo de recibir* corpóreo es constante e incambiable; más bien, es el *Deseo de recibir* (las *Tres Sefirot Superiores*) de la mente lo que se restringe. Este *Deseo de recibir* mental es la fuente de poder destructivo en el plano metafísico, y puede compararse con un pensamiento que se origina en la mente de una persona, que luego se manifiesta como acción mediante diversas partes del cuerpo humano.

Cuando una persona decide levantar una copa de agua y beberla, por ejemplo, no es la mano la que decide llevar a cabo dicha acción. El cuerpo no participa en el proceso de toma de decisiones. El único factor determinante en cualquier acción física llevada a cabo por el cuerpo lo decide la mente del individuo. Por lo tanto, cuando se toma la decisión de alterar o dirigir formas de energía a la acción, debe enfocarse la atención en la *rosh* (cabeza), ya que es allí donde se decidirá la manifestación potencial posterior.

Según el *Zóhar*, este mundo —y todo lo que contiene, incluida la humanidad— es como el cuerpo de cualquier Vasija. Se divide en siete componentes separados y diferenciados que se llaman *Sefirot*. (*Introducción al Zóhar*, por Rav Áshlag). El número siete corresponde a las seis *Sefirot* de *Zeir Anpín* (el elemento masculino) y *Maljut* (el elemento femenino).

Igual que en el ejemplo del misil, el cuerpo humano es sólo el vehículo: necesario para la supervivencia del todo, pero no inherentemente dañino. Si podemos desactivar la fuente de influencia destructiva —la cabeza (del misil) — entonces habremos vuelto inofensiva de forma efectiva a toda la estructura.

La naturaleza de la Columna Central es proporcionar un puente entre la Columna Derecha e Izquierda, permitiendo que la energía que imparte de la Columna Derecha haga uso de la energía que recibe de la

Izquierda, una función que jugará un papel vital en la revelación de la verdadera naturaleza de *Pésaj*. Tal como hemos explicado previamente, sólo tenemos un sistema equilibrado cuando las tres Columnas —Derecha, Izquierda y Central— están en funcionamiento. Esto se simboliza por los tres postes mencionados en *Éxodo 12:7*: "Y tomarán de la sangre, y la pondrán en los dos postes laterales y en el poste superior de las casas".

Estos tres postes representaban el sistema completo de Tres Columnas —el sistema total y perfecto entregado a los Israelitas para permitirles escapar, durante el Éxodo, del gobierno y la dominación de los egipcios— y se convertiría más tarde en el sistema que elegirían para ellos mismos en el monte Sinaí.

Leemos en *Éxodo 12:23*: "Porque el Señor pasará para herir a los egipcios; y cuando vea la sangre en el dintel y en los dos postes de la puerta, el Señor pasará de largo aquella puerta, y no dejará entrar al destructor a vuestras casas para heriros".

En este comentario que aparece en el *Zóhar*, Rav Yosi admite la dificultad de este pasaje: "...dice, '...cuando Él vea la sangre, pasará de largo...', lo cual parece indicar que había una señal, debido al acto de colocar la sangre en los postes y en el dintel de la puerta...el Todopoderoso lo sabe todo, entonces, ¿por qué era necesario indicar esto en el exterior de la puerta?".

"La respuesta es la siguiente: en *Deuteronomio 32:19* está escrito: 'Y el Señor lo vio, y se encendió en ira...'

Además, en Génesis 6:5 leemos: Y vio el Señor que la malicia de los hombres era mucha sobre la tierra…'. A partir de esto, entendemos que la supervisión Divina no aparece desde Arriba hasta que no hay una acción previa desde Abajo. Antes de esta acción desde Abajo, no hay acción de impartir, ni bendecir, ni de castigo. Ahora todas las calles y los mercados de Egipto estaban llenos de ídolos y allí podía encontrarse todo tipo de brujería, pues era mediante su conocimiento de estos poderes de brujería que los egipcios eran capaces de influenciar a todo el cosmos con la energía de *Tumá* (Sistema Impuro)".

Rav Yosi discute entonces el pasaje que dice: "Y Moisés convocó a todos los ancianos de Israel, y les dijo: 'Sacad y tomaos corderos por vuestras familias, y sacrificad el cordero de Pascua…Y tomad un manojo de hisopo, y mojadlo en la sangre que estará en un lebrillo, y untad el dintel y los dos postes con la sangre que estará en el lebrillo". (*Éxodo 12:21-22*)

Rav Yosi concluyó que tanto el hisopo como la ceremonia de salpicar la sangre eran necesarios para eliminar las energías metafísicas negativas que dominaban y rodeaban todas esas áreas, así como el propio cosmos. Tales energías sólo podían ser eliminadas si se hacía uso de las tres partes de la puerta, que representaban las Tres Columnas. En términos kabbalísticos, las Tres Columnas se llaman *Emuná Shlemá*, o una Divina Providencia completa. Debido a que el acto de salpicar la sangre vino de Abajo, el Ángel de la Muerte fue incapaz de penetrar el *Maguén* (escudo) que se había establecido como una protección completa contra todo mal.

El hisopo se requería porque esta planta, usada medicinalmente como purgativo, reflejaba su uso metafísico como herramienta para "purgar" de negatividad las casas de los Israelitas. Además, los tres colores del hisopo —hojas verdes, rojas y blancas— representaban los colores atribuidos a las Tres Columnas: blanco para la Columna Derecha, rojo para la Columna Izquierda y verde para la Columna Central.

La sangre en los postes de la puerta, por lo tanto, indicaba al Ángel de la Muerte que las casas de los Israelitas estaban protegidas de forma que sólo los primogénitos de los egipcios fueran asesinados. Pero, ¿por qué sólo los primogénitos?

Metafísicamente, el primogénito representa la cabeza: la forma de energía más concentrada en cualquier sistema. El primogénito de las familias egipcias puede verse por lo tanto como la cabeza de una nación dominada por el aspecto maligno del poder de la Columna Izquierda: el *Deseo de recibir sólo para uno mismo*. Esta era la raíz de la preeminencia de los egipcios: la fuerza mediante la cual eran capaces de esclavizar a los Israelitas y casi al mundo entero conocido en aquel momento. Nosotros, por lo tanto, encontramos en el primogénito la manifestación física de la fuerza metafísica destructiva en Egipto: la cabeza del misil. La fuerza destructiva del *Deseo de recibir*, a través de la cual los egipcios dominaban a los Israelitas, fue neutralizado, tal como se mostrará, por las distintas fases de la comida del *Séder* de *Pésaj*. Los egipcios, sin embargo, al haber pasado por la 50^{ava} Puerta, o última fase, del Sistema Impuro, no podían ser simplemente neutralizados. Debían ser destruidos.

Nuestro universo está dividido en siete componentes cósmicos, de ahí la existencia de los siete planetas primarios que gobiernan las fuerzas cósmicas que influyen sobre la Tierra: Saturno, Júpiter, Marte, el Sol, Venus, Mercurio y la Luna. Además, cada una de estas siete fuerzas cósmicas está subdividida en siete componentes, lo cual sugiere que cada planeta contiene y gobierna a través de un sistema de siete planetas o fuerzas cósmicas secundarias. En otras palabras, Saturno tiene su propia fuerza en los otros planetas, todos ellos directamente influenciados por Saturno como la fuerza cósmica primaria. Esto es cierto para cada planeta que gobierna como una fuerza primaria sobre sus componentes secundarios. El número 50 se refiere a una fuerza más allá y por encima de la cosmología de nuestro universo, cuando tenemos en cuenta que ambas fuerzas cósmicas, la primaria y la secundaria, son 7 x 7 ó 49 fuerzas.

Nuestro universo consiste en dos sistemas básicos: el Sistema Limpio (Sagrado) y el Sistema Impuro, según el "misterio de uno paralelo al otro, Dios los creó". (*Talmud Babilónico, Tratado Haguigá*).

Dentro del Sistema Limpio, se implantó el *Deseo de impartir*; y dentro del Sistema Impuro, se implantó el *Deseo de recibir sólo para uno mismo*. Estos dos sistemas opuestos, como las fuerzas de energía cósmicas que fluyen una y otra vez entre las 49 fuerzas cósmicas que influyen en nuestro universo, existen con el propósito de permitir al hombre que elija entre el bien y el mal. Según el *Zóhar*, el Faraón, gracias a su conocimiento de estas fuerzas cósmicas, conectó con la raíz del Sistema Impuro —el *Deseo de recibir sólo para uno mismo*— y con esta energía gobernó su mundo.

El poder destructivo siempre se halla en la cabeza del sistema: la cabeza del misil. En el caso de Egipto, la "cabeza" es el primogénito. Por lo tanto, cuando los Israelitas en Egipto conectaron con la abrumadora infusión de energía de la Columna Derecha, descendiéndola desde el reino de las Siete *Sefirot* que gobiernan nuestro universo, hicieron más que sólo equilibrar su sistema metafísico para poder así escapar de los egipcios. El mismo poder que neutralizó el *Deseo de recibir* sólo para uno mismo de los Israelitas también destruyó la cabeza del sistema Egipcio: el primogénito varón.

A la acción de salpicar sangre en los postes y el dintel de las puertas puede asignársele ahora una doble función. No sólo era un medio de protección contra el Ángel de la Muerte, sino que también era una indicación de que la misma fuerza metafísica que destruiría a los egipcios estaba en funcionamiento dentro de las casas de los hijos de Israel. Canalizada a través de la Columna Central, esta acción neutralizaría una parte del sistema sin destruir el sistema entero. Por lo tanto, de acuerdo con la sección previamente citada del *Zóhar*: "La supervisión Divina no aparece de Arriba a menos que haya primero una acción desde Debajo", la décima plaga —el sacrificio del primogénito— es un resultado o efecto directo de la acción de los Israelitas de salpicar sangre en los postes y el dintel de la puerta.

La circuncisión de los Israelitas antes de *Pésaj*, el cordero sacrificial, y la preparación de la *matzá* tuvieron el mismo efecto como si se pulsaran unos botones para iniciar un programa informático. Una vez que se ha proporcionado el ímpetu inicial, el programa —en este caso, la desactivación o neutralización de la cabeza de la Columna Izquierda— pasó por sus distintas fases de forma automática. Estas fases parecen, en el contexto del tiempo, ser los resultados o los efectos que siguen al ímpetu inicial, pero en realidad deben estar programados en la computadora antes de que el programa empiece a funcionar.

Ahora podemos entender más fácilmente *Éxodo 12: 43-44*, donde dice: "Y el Señor le dijo a Moisés y Aarón, 'Estas son las normas sobre la Pascua; no comerá de ella ningún extranjero; mas si algún extranjero morare contigo séale circuncidado todo varón, y luego deje que se acerque a celebrarlo'".

Hasta que no había tenido lugar la circuncisión, que liberaba la fuerza de vida de la Columna Derecha, no había forma de que un hombre pudiera combinarse con y neutralizar la energía de la Columna Izquierda del cordero de Pascua. Este requerimiento es una indicación de las Leyes metafísicas del Universo. Es una alarma de que el cuerpo físico debe alcanzar cierto nivel espiritual

CAPÍTULO CATORCE

LA IMPORTANCIA DE LA COORDINACIÓN DEL TIEMPO

Hemos visto en nuestra discusión sobre la Columna Central que hay ciertos prerrequisitos para conectarnos con la energía metafísica de los Niveles Superiores. Cuando examinemos los preparativos para *Pésaj*, exploraremos algunos de estos prerrequisitos con gran detalle. La preparación y la disposición no son suficientes por sí mismas. Debemos también ser conscientes de los momentos específicos durante los cuales las energías deseadas están disponibles en el cosmos.

Sabemos que los dos sistemas paralelos de limpieza y suciedad existen en el universo. Los encontramos en cada una de las áreas de la vida: en los alimentos que ingerimos, en nuestra higiene personal. Kabbalísticamente, podemos decir que la limpieza indica una preponderancia de energía positiva, lo cual es beneficioso.

La influencia de la limpieza y la suciedad se extiende mucho más allá del aspecto puramente físico del cual somos conscientes instintivamente. En *Eclesiastés 3:1*, leemos: "Hay un momento para todo propósito". La implicación de esto es que debemos ejercitar nuestra libertad de elección para descubrir el "momento" más adecuado para nuestros "propósitos". No sólo debemos saber cuándo la estructura del universo metafísico es tal que podemos acercarnos al Todopoderoso para pedirle ciertas bendiciones y favores, sino que también debemos ser conscientes de los momentos en los que reina la energía potencialmente dañina de la Columna Izquierda. Sólo entonces podemos movernos con estas fuerzas y, mediante los rezos y meditaciones proporcionadas para tales ocasiones, evitar ponernos en el camino de su flujo de energía negativa.

Por lo tanto, no es suficiente con saber el estado prevalente de la energía del universo en el momento del rezo. Leemos en el *Zóhar*:

> *Los ojos de todos esperan en Ti, y Tú les das la comida en su tiempo. (Salmos 145:15) Hay estaciones en las que el Todopoderoso está listo para dispensar bendiciones a aquellos que le rezan, y hay momentos en los que el Todopoderoso no está listo para dispensar bendiciones; hay momentos en los que din (juicio) está despierto en el mundo y momentos en los que está suspendido. Ven y mira: hay estaciones en el año en las que el Deseo de impartir se encuentra y hay estaciones en el año en las que se encuentra el Juicio. Hay momentos en los que se encuentra el Juicio, pero éste no se manifiesta. Lo mismo sucede con los meses y con los*

días de la semana, e incluso con las partes de cada día y cada hora.

Aprendemos del *Zóhar* que en cada momento prevalecen influencias distintas, que el tiempo en sí mismo tiene características diferentes en las distintas estaciones, e incluso que las horas del día también se ven afectadas. La implicación de este conocimiento está claramente expresada en las palabras: "Pero yo elevo a ti mi oración, Señor, en tiempo propicio". (*Salmos 69:14*)

Otras referencias a este aspecto de la importancia de la coordinación del tiempo pueden encontrarse en toda la Biblia:

"Y el Señor le dijo a Moisés: Di a Aarón tu hermano, que no entre en cualquier tiempo en el santuario detrás del velo…" (*Levítico 16:2*).

"Busquen al Señor mientras se deja encontrar…" (*Isaías 55:6*).

Todos estos fragmentos apuntan a la misma conclusión: el deseo de comunicarnos con el Creador no es suficiente por sí mismo. También debemos poseer el conocimiento sobre cuándo los canales para tal comunicación están abiertos para que nuestros rezos y meditaciones puedan alcanzar su destino intencionado.

Por lo tanto, con respecto al mandato ordenado a Moisés, leemos en el *Zóhar*:

Rav Shimón dijo, "Esta interpretación del tiempo es correcta, y aquí el Todopoderoso está alertando a Aarón de que no cometa el mismo error que sus hijos al intentar unirse en el momento equivocado con el Rey, aunque vea que el control del mundo esté comprometido de momento en manos de otro, como ha sido el caso durante los grandes holocaustos. Aunque él tiene el poder de unificar y llevar los rezos cerca del Santísimo, aun así no se le permite entrar en ese momento pues el Juicio reina entonces y debe tener su tiempo en este universo".

Con una referencia específica a las festividades, que pueden entenderse como ejemplos especiales durante los cuales prevalecen ciertas formas de energía, leemos en el *Zóhar*: "Habla a los hijos de Israel y diles, 'Las estaciones designadas del Señor, las cuales pueden proclamarse como convocatorias sagradas, aun esas son mis estaciones designadas".

Este difícil pasaje se vuelve más fácil de entender si examinamos la raíz de su significado en hebreo, de acuerdo con la premisa básica del *Zóhar* de que cada palabra de la Biblia está divinamente inspirada y, por lo tanto, es profundamente significativa. A la luz de esto, encontramos que la palabra traducida como "proclamar" en inglés viene de la raíz hebrea *kara*, que significa "llamar". Sin embargo, el sentido de las dos palabras es muy distinto, pues la primera implica decir o notificar a otros, mientras que la segunda, que es la raíz, tiene el sentido de invocar o atraer. Por lo tanto, una interpretación más acertada del pasaje sería que debemos conectar con la energía de la estación designada mediante el proceso activo de invocarla hacia nuestro nivel de existencia. Esto a su vez implica que debemos saber qué es esa energía y cuándo puede ser invocada o revelada.

Antes de que podamos entender el proceso mediante el cual podemos conectarnos con esta energía, debemos aprender algo acerca de las condiciones necesarias para que esté presente en el cosmos. La clave para entender esta relevancia vital de la coordinación del tiempo radica en las *Sefirot*, las energías encapsuladas a través de las cuales se manifiestan todas las cosas.

Debemos entender que entre las *Sefirot* de *Jojmá* y *Biná* —que son el Padre Celestial (masculino) y la Madre Celestial (femenino), respectivamente— hay un *zivug* (apareamiento o circuito) constante, lo cual significa que existe un flujo incesante de energía de una a la otra. Estas dos *Sefirot* —*Jojmá* y *Biná*—, son la raíz y la fuente de todas las energías cósmicas, y pueden compararse a una central eléctrica que produce energía constantemente, independientemente de que alguien haga uso de la corriente eléctrica que produce. *Jojmá* es el polo positivo y *Biná* el polo negativo, y ambos se combinan como un circuito que produce energía potencial para que cuando se realice o se requiera la demanda de energía, ésta esté disponible igual que lo está cuando encendemos el interruptor en nuestro hogar para recibir electricidad.

Los confines de nuestro universo mundano incluyen la central eléctrica y el hogar, ambos de los cuales se encuentran dentro del mismo marco físico. Sin embargo, la raíz —el Padre Celestial y la Madre Celestial, que juntos son la fuente metafísica de toda la energía, incluida aquella que puede controlar y dirigir las influencias cósmicas— se encuentra más allá de las fuerzas cósmicas de los planetas. La raíz utiliza meramente los siete planetas —las Siete *Sefirot*— para ejecutar y transferir la energía de las *Sefirot Superiores* hasta *Maljut* (nuestro reino físico).

No tenemos contacto directo con estas *Sefirot Superiores*, ya que nuestro universo está gobernado por las Siete *Sefirot Inferiores*: las seis *Sefirot* contenidas en *Zeir Anpín* más *Maljut*. *Zeir Anpín* puede compararse con el Sol, porque aunque emite luz o energía todo el tiempo, nosotros podemos hacer uso de esa energía sólo en determinados periodos (durante el día) y bajo ciertas condiciones (cuando no está nublado). La *Sefirá* de *Maljut*, nuestro reino físico, es comparable a la Luna, que recibe toda su energía del Sol y, por lo tanto, no tiene Luz propia.

Antes de que los 600,000 Israelitas en Egipto invocaran las fuerzas de energía disponibles en *Pésaj*, esas energías existían en forma potencial por virtud del apareamiento continuo, o transferencia de energía, de las *Sefirot Superiores*. Pero igual que los patriarcas, en su papel como carrozas, eran necesarios para invocar las energías específicas de cada *Sefirá* hacia este nivel físico mundano, las acciones por parte de los Israelitas también eran necesarias para que la energía de *Pésaj* pudiera fijarse en la constelación de este mundo. Por lo tanto, toda la base de la enseñanza de la astrología en Kabbalah —que discutiremos brevemente con respecto a las fuerzas cósmicas prevalentes en el momento de *Pésaj*— es mostrar que mediante un conocimiento de las influencias y los estados de las *Sefirot*, que se reflejan en las constelaciones de las estrellas, nosotros, como individuos, podemos cambiar formas potenciales de energía en formas reales a través de nuestras acciones.

La Luna no tiene luz propia. Recibe toda la luz que posee del Sol. De la misma forma, nosotros no tenemos energía metafísica propia, y no podemos existir sin las fuerzas de energía que atraemos del exterior. En las fases de la Luna, presenciamos la estructura cósmica de la transferencia de energías metafísicas de *Zeir Anpín* a *Maljut*. Podemos sentir la influencia de la energía de la Luna: desde la delgada curva de luz que es la Luna nueva hasta el círculo completo de luz que es la Luna llena. Podemos ser testigos del funcionamiento de las mareas bajo la influencia de la Luna, y percibimos cambios sutiles en nuestro cuerpo que están conectados con la energía de la Luna. Como existimos en el reino de la Luna, y recibimos toda nuestra luz desde Arriba, es adecuado que midamos nuestro calendario de acuerdo a las fases de la Luna en lugar del Sol.

Antes de que podamos producir el apareamiento o la transferencia de la Luz de *Zeir Anpín* a la Vasija de *Maljut*, debe realizarse una unión más elevada con la energía potencial omnipresente del *Padre Celestial* y la *Madre Celestial* (*Jojmá* y *Biná*) para atraer la energía de arriba al reino de *Zeir Anpín*. Este era el papel de las carrozas: Avraham, Isaac y Jacobo. En el momento de

Pésaj, esta unión se produjo por parte de los 600,000 Israelitas en Egipto mediante el medio o vehículo de la *matzá*, el cordero sacrificial y todos los demás cables que discutiremos en capítulos posteriores relacionados con la tecnología específica de *Pésaj*. Una vez la Luz de Arriba se había "invocado" a los niveles inferiores, esa forma particular de energía se volvió "designada"; en otras palabras, dejó de ser meramente potencial, ya que se había vinculado o conectado mediante una unión específica a un tiempo específico.

Este proceso está descrito en el siguiente pasaje del *Zóhar*:

> *Vengan y vean: leemos en Génesis 1:5: "Y llamó Dios a la luz 'día', y a la oscuridad la llamó 'noche'". También leemos: "Dijo Dios: 'Haya luz', y hubo luz". (Ibíd.3) Esto se refiere a la luz que estaba en el pasado. Pero no imaginen que esta luz pudiera existir sola, pues está escrito: "y a la oscuridad la llamó 'noche'". Porque la Luz (Zeir Anpín) no se considera Luz a menos que la oscuridad (Maljut) se aparee con ella. Por lo tanto, no pensamos que cada una existe de forma independiente, sin un apareamiento continuo, pues leemos, en Génesis 1:5: "Y fue la tarde y fue la mañana: un día". De esta forma, vemos que no hay una unidad completa con Zeir Anpín a menos que haya un apareamiento con Maljut. Y a la inversa, no hay completitud en Maljut a menos de que haya apareamiento con Zeir Anpín. Sólo se consideran*

uno cuando ambos están combinados. Por lo tanto, vengan y vean: estas son las festividades que deben celebrar, para invitar a todos en un solo lugar. Pues los momentos designados del Creador son Zeir Anpín, y debemos invitar a Zeir Anpín a impartir a ese lugar único (Maljut) para ocasionar una entidad unificada completa. Cuando Jésed, Gevurá y Tiféret (Columnas Derecha, Izquierda y Central) están conectadas con Maljut, se consideran una.

Este es uno de los pasajes del *Zóhar* que el lector debería considerar leer y discutir en la mesa del *Séder* durante la noche de *Pésaj* para que la comprensión del significado subyacente de la celebración se vuelva una parte integral de su observancia. Esto también actúa como una *kavaná* (meditación) continua que fortalece la unidad de las fuerzas, la cual, como señala el siguiente pasaje del *Zóhar*, es el foco y el objetivo de *Pésaj*: "Dijo Rav Aba, 'Convocatorias sagradas' significa 'invitado por *kodesh*' (el Sagrado, o el Padre y la Madre Celestiales) y cuando son invitados por *kodesh*, son invitados por la corriente que fluye sin cesar".

La "corriente que fluye sin cesar" se refiere a la *Sefirá* de *Biná*, también conocida como la Madre Celestial, pues hay un continuo apareamiento o un flujo constante de energía entre la Madre Celestial y el Padre Celestial que nunca requiere de ninguna acción por parte de nuestro nivel mundano. Esto es similar a un sistema de energía que no requiere de ningún proceso de iniciación antes de empezar a fluir. En nuestro nivel mundano, no tenemos experiencia de ningún sistema como este, aunque los científicos siempre han buscado un aparato de "movimiento perpetuo" que mostrara estas características. Sin embargo, puesto que nuestro universo fue creado en el nivel de *Maljut*, en el cual la naturaleza inherente de todas las cosas es el *Deseo de recibir*, no puede haber una transferencia total de energía entre dos manifestaciones físicas sin que esta energía sea antes disminuida. Este apareamiento constante o flujo constante de energía sólo ocurre en el nivel elevado del Padre Celestial y la Madre Celestial.

Esto podría compararse a un padre y una madre en nuestro nivel de existencia. La posibilidad de concebir hijos disminuye con la edad, hasta el punto en que la fuerza dadora de vida (esperma/Luz) del hombre y la manifestación y revelación de la fuerza dadora de vida (óvulo/Vasija) de la mujer finalmente se detienen. La paradoja de la revelación y la manifestación de energía yace precisamente en la capacidad de la Vasija de recibir y ocultar la Luz o energía. Igual que un individuo debe primero ocultar su cuerpo desnudo antes de poder revelarse a sí mismo al mundo exterior, la electricidad debe ocultarse en cables antes de poder realizar su valioso servicio.

CAPÍTULO QUINCE

INMORTALIDAD: LA CONEXIÓN CON EL ESPACIO EXTERIOR

Se nos ha enseñado que la energía no puede perderse, mutarse ni destruirse —el agua puede hervirse hasta el punto en que aparentemente desaparezca, pero en realidad su estado físico simplemente ha cambiado y se ha convertido en vapor—, por lo que podemos preguntarnos qué razón o causa contribuye a la pérdida y el cese final de la capacidad de concebir hijos. Puesto que la energía interna del hombre o la mujer continua manifestándose según el principio de "la energía no puede perderse, mutarse ni destruirse", ¿por qué no continúa el proceso de transferencia de energía entre el marido y la mujer de forma que les permita tener descendencia mientras sigan viviendo?

Si profundizamos en este concepto un poco más, nos encontramos con uno de los sueños más deseados y antiguos del hombre: la inmortalidad. Si existe una fuerza de vida continua, viviente y dinámica dentro del ser humano, ¿por qué no podemos vivir para siempre?

Según el *Zóhar*, Adán estaba destinado a vivir para

siempre, pero ese destino se vio coartado cuando comió de la fruta del Árbol del Conocimiento. Rav Áshlag, en su *Entrada al Árbol de la Vida*, afirma brevemente que antes del "pecado" de comer la fruta prohibida, Adán fue infundido con vida del "espacio exterior". La existencia de Adán —su Vasija o cuerpo, que revelaba su fuerza de vida interna— fue obtenida y desarrollada desde *Zeir Anpín*, el nivel cósmico donde el tiempo, el espacio y el movimiento, relativos a nuestro nivel mundano terrestre, no existen. Esta condición —un estado de presencia cósmica— no difiere de las condiciones atmosféricas con las que se encuentra una nave espacial cuando escapa de la fuerza gravitacional de la tierra. Al entrar en el espacio, la nave está gobernada por la aplicación de un conjunto de reglas y principios distintos en relación al tiempo, el espacio y el movimiento.

Por consiguiente, fue después de la caída (es decir, el pecado) de Adán cuando abandonó la dimensión del "espacio exterior" y pasó a estar envuelto y cubierto por la Vasija o cuerpo de *Maljut*. Cuando Adán se conectó con *Maljut*, se aplicó un nuevo conjunto de principios cósmicos. Dentro de los confines cósmicos de *Maljut*, el cuerpo físico tal como lo conocemos y lo vemos se adhiere a una nueva chispa (Vasija) de la existencia: el *Deseo de recibir sólo para uno mismo*. Por lo tanto, la fuerza interna del cuerpo físico —el *Deseo de recibir* puro— se convierte en un anexo para sí misma y empieza a comer y beber por sí misma sin esperanza de compartir aquello que ya ha consumido. Esta condición del *Deseo de recibir sólo para uno mismo* se vuelve dominante, junto con la restricción del cuerpo a las limitaciones del tiempo, el espacio y el movimiento. Estas limitaciones son la raíz subyacente, o fuente, de la mortalidad.

Con la conexión al espacio exterior, Adán habría seguido siendo inmortal, algo que no difiere de la conexión a *Zeir Anpín* lograda por los Israelitas en el monte Sinaí. La definición de inmortalidad es "la exención de la muerte y la aniquilación; existencia inacabable". Sin embargo, cuando los principios del tiempo, el espacio y el movimiento dieron inicio a su existencia, los conceptos de final, carencia y muerte también emergieron junto a ellos. La muerte, en efecto, se aplica al cuerpo, que es la única parte del individuo que es mortal. El *Zóhar* afirma que con la llegada del Mesías, "La muerte será enterrada para siempre", lo cual indica que el hombre volverá a lograr la conexión del espacio exterior con *Zeir Anpín*.

Durante el tiempo del Tabernáculo, y luego del Templo Sagrado, los Israelitas tenían una conexión vital con *Zeir Anpín* a través de la coraza del Sumo Sacerdote con sus doce piedras preciosas. Sin embargo, en la actualidad no disponemos de los canales adecuados del Templo Sagrado que nos permitían establecer la conexión con *Zeir Anpín*. Por lo tanto, nosotros no tenemos otra elección que apoyarnos en los cables que nos proporcionan la Biblia y el *Zóhar*. Los preceptos y las prohibiciones presentadas en la Biblia proporcionan los instrumentos y los cables para liberarnos de la fuerza del cuerpo —el *Deseo de recibir* sólo para uno mismo— y transmitir la esfera cósmica de *Maljut* a la conexión celestial de *Zeir Anpín*, el Reino de Impartir. De esta forma, se puede lograr un apareamiento o conexión entre *Maljut* y *Zeir Anpín* a través de la acción individual de cada persona. Aunque sabemos que la esencia de lo femenino en este apareamiento o conexión es el *Deseo de recibir*, el flujo de salida del apareamiento entre el Padre Celestial y la Madre Celestial se transmite a través del polo negativo (femenino). Aquí, *Zeir Anpín*, como beneficiario del flujo de energía, recibe el nombre de "Hijo". De la misma forma que una madre proporciona alimento para su hijo, la Madre Celestial proporciona un flujo interminable de energía a *Zeir Anpín*. Esto nos revela la necesidad de entender tanto las expresiones metafísicas como las acciones físicas de los preceptos. Este conocimiento y entendimiento es lo que conecta nuestra existencia terrenal de *Maljut* con la conexión del espacio exterior conocida como "Hijo" o *Zeir Anpín*. Cuando entendemos las expresiones metafísicas y las acciones físicas de los preceptos, transformamos *Maljut* en una fuerza de impartir; nosotros, en efecto, creamos una afinidad entre *Maljut* y el Hijo, o *Zeir Anpín*, completando así el circuito y permitiendo que el flujo de energía baje del nivel elevado del Padre Celestial (*Jojmá*) y la Madre Celestial (*Biná*), a través de *Zeir Anpín* y hasta *Maljut*.

El *Zóhar* dice: "Rav Aba ofreció una analogía: esto puede compararse a un rey que invita a sus súbditos a un banquete. Les ofrece una amplia variedad de platos y les sirve un buen vino de barril, pues la invitación era para comer y beber. Por lo tanto, la 'convocatoria sagrada' (Padre y Madre) que está invitada al festín del rey (*Zeir Anpín*), está invitada a compartir el buen vino que se les ha reservado para ellos. Puesto que Israel también está invitada por su Santidad de Arriba, ellos también reciben el nombre de 'santidad' y es adecuado para ellos preparar un banquete y regocijarse".

CAPÍTULO DIECISEIS

LAS FESTIVIDADES: NUESTRA VINCULACIÓN CÓSMICA

El concepto fundamental de santidad ha estado habitualmente asociado con la pureza de vida, la pureza de acciones y la pureza de pensamiento. Sin embargo, desde un punto de vista kabbalístico, el concepto de santidad se extiende más allá del marco de las ideas religiosas. La palabra "santidad" podría escribirse más apropiadamente como "totalidad", que implica un concepto circular de circuito: la inclusión del todo, de todas las cosas.

Una persona que a través de sus acciones ocasiona el apareamiento de *Maljut* y *Zeir Anpín* Abajo, puede entonces ser invitada a formar parte de la festividad, o apareamiento, que está constantemente en progreso en el Reino Superior. Así, dice el *Zóhar*: "Está escrito: 'Porque eres un Pueblo Santo para el Señor'". (Deuteronomio 14:2) Los Israelitas que están Abajo reciben el nombre de "un Pueblo Santo" porque están invitados por su Santidad que está Arriba. Tal como dijo Rav Shimón: "¿Qué son las festividades del Señor? Nacen del Nombre Sagrado (el Tetragrámaton); los tiempos designados de *Zeir Anpín*".

El *Zóhar* nos da otra explicación del verso:

Estos son los tiempos designados del Señor... (Levítico 23): Rav Shimón dijo: "Ellos son del Señor, lo que significa que son de Zeir Anpín, pues Él (Zeir Anpín) es el vínculo entre aquellos niveles de Arriba y aquellos de Abajo, y todos ellos se reúnen a través de Él. Todos están coronados y crean un vínculo conectado con el Rey (Zeir Anpín) ¿Por qué es así? Porque igual que el Rey hereda del Padre y la Madre Celestiales (Jojmá y Biná) y se unifica con la Santidad del Padre y de la Madre, y a través de ellos es coronado de forma que consiguientemente recibe la beneficencia de Arriba, así, de la misma forma, todos los que se adhieren y se aferran al Rey (de Abajo) pueden ser invitados a ese Lugar Celestial llamado Santidad (Padre y Madre), para que todos puedan estar unidos. Por eso son llamados primero moadei HaShem (tiempos designados del Señor), y luego mikraei Kodesh (Convocatorias Sagradas).

Esto puede explicarse con más detalle de la siguiente manera: *Zeir Anpín* puede verse como el Hijo del Padre y la Madre Celestiales. Siempre que hay un festival o una celebración, el Hijo está automáticamente invitado a participar por virtud del lugar que ocupa en la "familia". *Maljut*, sin embargo, como Israel, no está incluido automáticamente en la invitación, pues no forma parte de la familia del Padre, la Madre y el Hijo Celestiales. La presencia cósmica de *Maljut*, tal como se mencionó previamente, se encuentra en un estado de revelación disminuida de la energía. Esta invitación es venidera sólo si *Maljut* (Israel) se adhiere a *Zeir Anpín* de la misma forma que alguien, a través del conocimiento de los momentos en los que están presentes las energías relacionadas con esa festividad, establece contacto con ellas.

Debe haber algún gesto por parte de Israel (no solamente el país, sino cada Israelita individual) que indique que está funcionando dentro de la misma estructura cósmica (el *Deseo de impartir*) que *Zeir Anpín* y no está inmerso en la energía negativa del *Deseo de recibir*. Luego, después de que haya tenido lugar la primera unificación entre el Rey (*Zeir Anpín*) y *Maljut*, puede haber una unificación dichosa de lo Superior (Padre y Madre) con lo Inferior (*Maljut*) a través de *Zeir Anpín*, que actúa como vínculo entre ambos. Esto recibe el nombre de la unidad que todo lo abarca del Tetragrámaton —el Nombre de cuatro letras de Dios— *Yud*, *Hei*, *Vav* y *Hei*.

Esta es la diferencia entre *moadei HaShem*, que son los momentos en los que estas energías pueden invocarse para afectar el vínculo entre *Zeir Anpín* y *Maljut* (llamados respectivamente el Novio y la Novia), y *mikraei Kodesh*, que es el aspecto de la unidad total de las cuatro partes: el Padre y la Madre Supremos, el Hijo y *Maljut*. La palabra *kodesh* (sagrado, o como nosotros lo llamamos, "total") indica la emergencia de un circuito de energía.

El *Zóhar* continúa:

> *Se dice que aquel que invita a un huésped debe mostrarle una cara sonriente con la que coronar su visita. Imagina a un rey que ha invitado a un huésped de honor, y le dice a su corte: "Cualquier otro día, todos están en sus propias casas, realizando sus respectivos trabajos allí, ocupados en sus negocios o trabajando en el campo. Eso es así cada día excepto mi día especial, que dedicarán a regocijarse conmigo. He invitado a un huésped muy especial (el Padre Celestial y la Madre Celestial), y es mi deseo que no emprendan ningún trabajo en sus casas, que cesen sus negocios y descansen de sus campos. En su lugar, se reunirán todos en mi día especial y se prepararán para conocer a mi invitado con sonrisas, alegría y alabanzas.*

> *Dios le dijo a Israel: "En el resto de días, están ocupados en el trabajo y los negocios para Mi día especial, Shabat. Ahora he invitado a un huésped de gran honor. Recibidle, por lo tanto, con sonrisas, y prepárenle para él una mesa especial como en Mi propio día (Shabat)". Este, por lo tanto, es el significado del verso: "Les llamarán en su momento designado".*

> *Cuando Israel Abajo se regocija en estas festividades, cantando alabanzas al Sagrado, bendito sea Él, preparando la mesa y poniéndose sus mejores vestimentas, los ángeles en el Cielo*

preguntan: "¿Qué quieren decir (Israel) con esto?"
Dios responde que tienen un invitado de honor en
este día (Padre Celestial y Madre Celestial).
"Pero", replican los ángeles, "¿no es él Su invitado
(Padre Celestial y Madre Celestial) desde el lugar
llamado Santidad?".

Israel nace de la fuerza de energía de *Maljut*, que se
conoce como gravedad, o fuerza de atracción cósmica.
Como tal, ¿cómo podrían invocar *mikraei kodesh* o invitar
al Padre o invitar al Padre y a la Madre Celestial, cuyo
estado de presencia cósmica es de unidad constante, que
no disminuye y que todo lo abarca? *Zeir Anpín*, la
conexión exterior cósmica, está innatamente vinculada y
automáticamente conectada, así como abarcada, por el
Padre y la Madre Celestiales, por virtud de la afinidad de
Israel con ellos, que es el aspecto del *Deseo de Impartir*.
Sin embargo, de *Maljut*, que está carente de esta
similitud, no debe esperarse que se prepare, ni que tenga
la osadía de preparar un banquete para unos invitados
cósmicos tan elevados y esperar que asistan.

¿Puedes imaginarte a un minero de carbón pobre y
analfabeto de Inglaterra preparando arrogantemente un
banquete festivo y luego extendiendo una invitación a la
Reina de Inglaterra, esperando que la acepte y asista? El
contraste y la falta de afinidad entre ellos obligarían a la
reina a rechazar la invitación, independientemente de la
sinceridad y la consideración del minero.

El *Zóhar* continua: A la pregunta de los ángeles, sin
embargo, Dios responde: "¿Acaso los hijos de Israel no

son santos y se les llama santos? Por lo tanto no es adecuado que inviten a Mi huésped, la Luz de Mi lado, pues ellos se adhieren a Mi desde el lado de la Santidad, tal como está escrito: 'Israel es santo para el Señor' (*Jeremías 2:3*). Con seguridad, el huésped es suyo". Entonces todos los anfitriones exclaman las palabras: "Felices son las personas que ostentan tal posición".

Este hermoso pasaje también sirve para recordarnos el significado de los cuatro elementos que pertenecen a la unidad de *Pésaj*: las cuatro letras (*Yud, Hei, Vav* y *Hei*) del Tetrágramaton. Las primeras dos letras del Tetragrámaton, *Yud* y *Hei* —llamadas, respectivamente, Padre Celestial y Madre Celestial, que están en unión constante— conectan con la letra *Vav* (la tercera letra, conocida como el Hijo o *Zeir Anpín*), que actúa como vínculo a través del cual la letra final Hei (que es *Maljut*) puede alcanzar la unidad con los Niveles Superiores. Cuando los hijos de Israel se elevan a la misma fase o nivel que *Zeir Anpín*, están "invitados" por el Rey, pues han alcanzado el estado llamado "santo". Los medios a través de los cuales se logra esta elevación son los métodos y los procedimientos establecidos en la Torá y que están designados a ocasionar una similitud de fase o forma entre *Maljut* y *Zeir Anpín*.

El contraste entre los niveles de energía de *Shabat* y la elevación requerida en el momento de las festividades ya se ha mencionado más arriba. El *Zóhar* explica con más detalles esta importante distinción: "Sólo hay tres festividades que están invitadas por el Reino de la Santidad: la Festividad del Pan sin levadura (*Pésaj*), la

Festividad de las Semanas (*Shavuot*) y la Festividad de los Tabernáculos (*Sucot*)".

El *Zóhar* continua así:

"Pero", Rav Aba preguntó a Rav Shimón, "¿no está Shabat invitado también por el Reino de la Santidad?".

"No", responde Rav Shimón, "por dos razones. Primeramente, Shabat se llama en sí mismo 'Santidad', y segundamente, tiene derecho a entrar por virtud de su herencia. Todas las otras festividades están invitadas. Se unen con el Shabat y se coronan a sí mismas con éste, pero el Shabat en sí mismo no está invitado. Es como un hijo que puede entrar en la casa de su padre y su madre y comer allí siempre que lo desea. Imaginemos a un rey que tiene un hijo a quien ama sinceramente y a quien le dio un grupo de amigos. Un día se dijo que sería bueno que invitara a los amigos de su hijo para mostrarles su amor y su respeto por ellos. Así que invitó a los amigos, pero su hijo no necesitó una invitación, pues él podía entrar en la casa de su padre y comer y beber siempre que él quisiera".

De esto aprendemos que *Shabat* está de forma permanente y automática en el mismo nivel cósmico que *Zeir Anpín*. Por lo tanto, no tiene sentido que esté "invitado" o que sea invocado igual que las otras tres festividades. Ciertamente, en lo que concierne a *Shabat* y la función de *Maljut*, nuestro papel como Israel no es establecer conexiones con *Zeir Anpín* en *Shabat*, sino simplemente evitar perturbar la unidad que ya se ha establecido "por virtud de la herencia". Así, las regulaciones aparentemente restrictivas que rodean a *Shabat*, están de hecho diseñadas para proteger los niveles de energía prevalentes en ese día especial y retener la presencia de la conexión de *Zeir Anpín* con el espacio exterior.

El vínculo subyacente entre todas las cosas que se prohíben hacer en *Shabat* es su raíz común en el área de la energía negativa: la presencia cósmica del *Deseo de recibir*. Estas cosas prohibidas implican la activación y la atracción de energías negativas al establecer conexiones con el mundo físico: el aspecto gravitacional del apego. Puesto que la esencia de *Shabat* es el flujo ilimitado de de energía positiva en ese día, cualquier intento que hacemos de crear sistemas y estructuras que impliquen energía negativa bloqueará el flujo de la energía positiva. Así, por ejemplo, en las demás festividades, está permitido cocinar, un acto que está prohibido en *Shabat*. Esto se debe a que la energía que buscamos en esas otras festividades no es la energía pura y positiva de *Shabat*. Por lo tanto, se nos permite conectarnos en cierto grado con las fuerzas de energía negativas durante esos días, asumiendo, por supuesto, que no coincidan con *Shabat*.

Las festividades, entonces, son "huéspedes invitados" porque no están conectadas de forma automática —como lo está *Shabat*— al estado cósmico de *Zeir Anpín*. Como resultado, los preceptos varios de cada festividad individual nos proporcionan los vehículos y los cables a través de los cuales podemos lograr la conexión al espacio exterior de *Zeir Anpín*. En *Shabat*, la influencia cósmica de *Zeir Anpín* dicta inmediatamente una ruptura con cualquier forma de energía negativa de la presencia cósmica de *Maljut*, incluso el acto de cocinar, que está relacionado con un apego al *Deseo de recibir sólo para uno mismo*.

CAPÍTULO DIECISIETE

EL TIEMPO CÓSMICO

Debemos considerar que el concepto del tiempo tal como se ha discutido a lo largo de este libro no es nada más que un concepto conveniente que nos ayuda a encontrar sentido a este mundo físico. Si lanzamos una piedra al aire, podemos medir y registrar su progreso y, con base en las leyes de la física que gobiernan tales acciones, podemos decir dónde y cuándo caerá al suelo esa piedra.

Sin embargo, en el nivel metafísico, el tiempo deja de ser la escala lineal y medible a la que estamos acostumbrados, y pasa a ser visto como nada más que el proceso del desarrollo de la Causa y el Efecto. Cuando hablamos sobre acciones en el reino metafísico, no poseemos el conocimiento necesario para poder predecir los efectos y las ramificaciones que continuarán existiendo y vibrando en el universo, libres de las restricciones de las leyes físicas.

El tiempo, en el nivel físico, parece para nosotros como una línea recta que se extiende desde el pasado hacia el futuro, desde el nacimiento hasta la muerte, mientras que en realidad su estructura se parece mucho más a la de una espiral, pasando y repasando siempre por los mismos puntos. Si entendemos el tiempo de esta manera, resulta más fácil entender cómo un suceso aislado —la avalancha de Luz o energía positiva que rodeó al mundo en el tiempo de *Pésaj*— puede fijarse o designarse a un momento específico para toda la eternidad.

Cada ciclo de la espiral —que llamamos tiempo— nos devuelve al mismo punto en el cual ocurrió, y sigue ocurriendo, aquella unión de los Reinos Superiores e Inferiores. Cada vez que pasamos a través de ese cinturón o pasadizo de la espiral en el que existe esa conexión, podemos atraer esa unión hasta nuestro mundo físico de existencia.

Es importante entender este asunto, pues explica no sólo el momento en el tiempo de *Pésaj*, y de todo el resto de Días Sagrados del año, sino también las influencias metafísicas de los Reinos Superiores que se extienden hacia abajo para gobernar cada minuto de nuestras vidas.

El *Zóhar* explica: "Rav Isaac dijo, 'Está escrito: "Y el Señor llamó a la luz, día"'. (*Génesis 1:5*) Hemos aprendido que la Luz que había al principio brillaba desde el principio hasta el fin del mundo".

Aquí no había "estaciones designadas". Las encontramos más tarde. La Luz estaba presente de forma continua para que las almas que existían en aquel tiempo pudieran llamarla a voluntad. La Luz era energía positiva pura, y contenía en sí misma el potencial de todas las futuras manifestaciones, aunque existían sólo de forma potencial. Existía en este estado porque no estaba contenida en ninguna Vasija a través de la cual pudiera hacerse manifiesta.

El *Zóhar* continua: "Cuando el Señor miró hacia el futuro y vio que habría gente malvada, así como buena, Él escondió la Luz de los justos en el Mundo por Venir".

Esta retirada de la Luz —la discontinuidad y separación fundamental— es la primera manifestación del fenómeno que conocemos como "tiempo". La Luz que había sido continua y que lo llenaba todo, estaba ahora oculta para aquellos que sabían cómo y cuándo llamarla. Si la Luz hubiera continuado existiendo en su forma ininterrumpida, tal como existía en el *Ein Sof*, entonces no habríamos tenido la oportunidad de elegir. Habríamos sido incapaces de ejercer nuestro libre albedrío, pues todos nuestros deseos serían instantáneamente y constantemente satisfechos, y esta satisfacción continua traería *Pan de la Vergüenza* una y otra vez. Por este motivo, la Luz se ocultó: lo cual significa que aunque brilla continuamente en el nivel de *Jojmá* y *Biná*, nosotros, en el nivel inferior de *Maljut*, no tenemos Luz propia y debemos ahora ejercer nuestro libre albedrío, eligiendo conectarnos o llamar a la Luz.

Este es el verdadero significado y la importancia del concepto del tiempo. Ahora tenemos una elección. Podemos permitir que nos convirtamos en esclavos de la influencia del tiempo, al no conectar y atraer, para nuestro propio beneficio, los distintos tipos de energía que están presentes en diferentes momentos. O podemos aprender, mediante un entendimiento de la Torá, cuándo están presentes estas influencias del tiempo, para liberarnos a nosotros mismos del servilismo a la energía negativa y el poder egoísta del *Deseo de recibir*, el *Deseo de recibir sólo para uno mismo.*

TERCERA PARTE

EL SIGNIFICADO Y LA IMPORTANCIA DE PÉSAJ

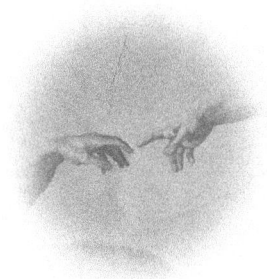

CAPÍTULO DIECIOCHO

INFLUENCIAS ASTRALES

"¿Por qué la noche del 14° día de *Nisán* (Aries), la noche del *Séder* de *Pésaj*, es diferente de todas las demás noches?".

Cuando el niño más joven presente en el *Séder* de *Pésaj* hace esta pregunta tradicional, ¿esperamos que se quede satisfecho con las respuestas que le damos, respuestas que la mayoría de los niños se espera que descubran por sí solos, pues se refieren a cambios muy obvios en la rutina familiar? ¿Estamos nosotros, como adultos, satisfechos con esas respuestas relacionadas con nuestro deber que escuchamos como parte de la recitación de la fórmula tradicional de la Hagadá de *Pésaj*? Cuando empezamos a investigar sobre el significado subyacente y la importancia espiritual de la festividad de *Pésaj*, descubrimos que el mandamiento de los sabios de discutir la historia del Éxodo y los preceptos de *Pésaj* hasta que se apodere de nosotros el sueño, no nos deja tiempo suficiente para entender siquiera una pequeña parte de los milagros y las influencias cósmicas que están en funcionamiento durante esta noche tan especial.

Es importante cuestionar, por ejemplo, por qué *Pésaj* debe ocurrir en el mes de Nisán, y por qué, en particular, en el día 15° de ese mes. Debemos también preguntar por qué fue Moisés la persona elegida para actuar como foco de los eventos de *Pésaj*, pues es esencial que entendamos su papel si queremos comprender la totalidad del sistema metafísico que se estableció en aquel tiempo. Además, también es importante inquirir por qué éramos esclavos en Egipto, y cuál era la naturaleza de esa esclavitud.

La sabiduría de la Kabbalah nos enseña a preguntar "¿por qué?" en todo momento. Al aceptar las cosas sin cuestionarlas, podemos pensar que estamos demostrando nuestra fe al Creador, pero en realidad estamos dejando de aspirar al nivel más elevado de entendimiento que podemos alcanzar. Para todas las preguntas que hemos formulado —y para todas las preguntas que formularemos a medida que exploramos las partes individuales de *Pésaj*— hay respuestas. Puede que nunca lleguemos a descubrir la razón fundamental —la razón que subyace a todas las otras razones— pero nuestras investigaciones pueden revelarnos, de una forma que la aceptación tácita nunca puede hacer, la riqueza y la profundidad de significado que está presente incluso en la palabra más pequeña de la Torá.

Empecemos refiriéndonos a los escritos de Rav Isaac Luria (el Arí) en *Sefer Likutei Torá*: "Se sabe que hay doce signos [del zodíaco]. De hecho, éstos representan subdivisiones de cuatro fuerzas básicas. Esto significa que de cada raíz derivan tres signos ".

Las cuatro fuerzas básicas que se mencionan aquí son los elementos físicos del Agua, Fuego, Aire y Tierra, que corresponden respectivamente a la Columna Derecha, Izquierda, Central y *Maljut*. *Maljut* es la Vasija y la fuerza cósmica de atracción que finalmente recibe las influencias de estos signos. Según el *Séfer Yetsirá* (*Libro de la Formación*), escrito por Avraham el Patriarca, también hay siete planetas en la astrología kabbalística que están asociados con las siete *Sefirot* que gobiernan este mundo. Cada planeta gobierna dos signos, excepto el Sol y la Luna, que gobiernan cada uno a un solo signo, dando así el total de los doce signos.

El mes de *Nisán*, cuando ocurre *Pésaj*, se halla bajo la influencia de la *Sefirá* de *Nétsaj* (Victoria), que está gobernada por el planeta Marte. Este planeta, con sus asociaciones al conflicto y la lucha, gobierna los signos de Aries (el carnero) y Escorpio (el escorpión). Los elementos físicos conectados con estos signos astrológicos son el Fuego para Aries y el Agua para Escorpio. Es interesante apuntar que el carnero (Aries) era el símbolo del dios nacional de Egipto, Amón-Ra, que estaba asociado con Ra, el dios-sol egipcio.

Para completar el cuadro de las influencias que reinan durante *Pésaj*, es necesario saber que Moisés es la carroza de la energía encapsulada de *Nétsaj*, y que la piedra preciosa a través de la cual se canalizan estas energías se llama *tarshish* (topacio). Con la ayuda de esta información, podemos empezar a entender no sólo la verdadera naturaleza de los acontecimientos que tuvieron lugar en Egipto en la época del Éxodo, sino también el significado de dichos acontecimientos para nosotros en la actualidad cuando celebramos la festividad de *Pésaj*.

Empecemos, por tanto, considerando el planeta Marte, un planeta asociado con la guerra y la lucha pero que proporciona la clave para el mes de *Nisán*, para los acontecimientos que tuvieron lugar en aquel entonces y que, tal como veremos, continúan teniendo lugar en el presente.

La guerra implica una batalla o una lucha entre dos facciones opuestas. Si la guerra se gana, debe haber un elemento de reconciliación entre las dos partes. El simple hecho de derrotar a un oponente en la batalla no es suficiente, tal como la historia ha demostrado repetidamente. Cualquier enemistad no resuelta en la parte derrotada crecerá y proliferará como un cáncer, estallando de nuevo al final en una hostilidad abierta. Estos aspectos del enemigo que son irreconciliables o inherentemente antagonistas deben ser exterminados a conciencia antes de que la victoria pueda ser completa. Pero, como ya hemos comentado en relación a la energía de la Columna Central, la parte hostil o destructiva del sistema no es el cuerpo o la masa de estructura, sino la cabeza o cabeza nuclear. La tarea del vencedor es eliminar esa cabeza nuclear sin dañar el resto de la estructura, que puede ser entonces colocada bajo el control, o la dirección, del lado victorioso.

CAPÍTULO DIECINUEVE

TAL COMO ES ARRIBA, ES ABAJO

Debemos tener en cuenta, a lo largo de este libro, que desde el punto de vista kabbalístico la guerra real no es el conflicto entre hombres a nivel físico, sino más bien el conflicto entre fuerzas a nivel metafísico. Igual que la *Sefirá* de *Maljut* es la Vasija en la cual las energías de *Zeir Anpín* se hacen finalmente manifiestas, también nuestras acciones físicas representan siempre la fase final en un proceso que empieza y termina en el reino metafísico; a menos que, por supuesto, bloqueemos el flujo de energía.

En el caso del individuo, esto está claramente explicado en el *Zóhar*: "Así que Dios, cuando reprende al hombre, actúa amorosamente con él. Primero le castiga interiormente (es decir, en el nivel metafísico). Si el hombre se arrepiente, todo está bien, pero si no se da cuenta, Él le castiga por debajo de sus vestimentas. Esto se llama 'el castigo del amor'. Si el hombre se niega a hacer caso de la advertencia, Dios le castiga en su cara para que todos lo vean y sepan que ha pecado y que no es amado por su Maestro".

En el caso de los egipcios, todas estas fases pueden verse en las diez plagas. Pero lo egipcios estaban tan irrevocablemente vinculados al Sistema Impuro de la Columna Izquierda, que ni siquiera la manifestación física del castigo fue suficiente para persuadirles de que liberaran a los Israelitas.

La función de la Columna Central es provocar la desactivación del poder destructivo de la Columna Izquierda: la cabeza nuclear del misil, por así decirlo. El carro, o vehículo, de la energía de la Columna Central es Moisés, quien a través del marco de la Columna Central atrajo la energía de la *Sefirá* de *Nétsaj* (Victoria).

El *Zóhar* explica:

> *Entonces vino Amalek y luchó contra Israel en Refidim. Entonces Josué luchó contra Amalek. Y Moisés, Aarón y Jur subieron a la cima del monte. Y ocurrió que, cuando Moisés alzaba sus manos, prevalecía Israel. Se le cansaron las manos a Moisés, y entonces ellos tomaron una piedra y se la pusieron debajo, y él se sentó sobre ella, mientras Aarón y Jur le sostenían las manos, uno a un lado y otro al otro. Y así resistieron sus manos hasta la puesta de sol. Y Josué derrotó a Amalek y a su pueblo". (Éxodo 17:8-13)*

El *Zóhar* nos aconseja que tengamos cuidado con restringir nuestra comprensión de este acontecimiento a su significado aparentemente literal e inmediato, pues las palabras de la Torá contienen muchos niveles de significado. A partir de esta batalla podemos aprender muchas lecciones importantes relacionadas con la predominancia del aspecto metafísico sobre el físico, pues la verdadera relación entre estos dos aspectos es la de Causa y Efecto. Por lo tanto, entendemos de este pasaje del *Zóhar* que Aarón y Jur representaban las fuerzas de energía metafísicas que eran necesarias para ganar la batalla, y que Moisés era el vínculo que los conectaba y que podía alcanzar la Victoria (*Nétsaj*).

Moisés colocó a Aarón a su lado derecho y a Jur a su lado izquierdo, con sus propias manos en medio para representar la Columna Central. Aarón, que es la carroza de la energía de la Columna Derecha, era capaz de despertar y manifestar la energía de esa columna, mientras que Jur, al ser un Levita, podía despertar la energía de la Columna Izquierda. La Columna Central de Moisés proporcionaba el vínculo entre estas dos fuerzas, de manera que, como en el caso de los egipcios, una estructura de fuerzas totalmente unificada y que combinaba los tres elementos, pudo vencer el poder exclusivamente negativo de *Amalek*. La batalla que tiene lugar Abajo —y el término "batalla" se usa aquí en sentido literal y figurado— puede verse ahora en su verdadera luz, como nada más que la reproducción de una lucha que ya se ha librado y ganado Arriba, en el plano metafísico.

Esta relación entre la lucha Arriba y la batalla Abajo puede compararse con ver en el año 1995 un documental sobre la Segunda Guerra Mundial. Mientras que nadie puede negar que la acción que se presencia en la actualidad sea propia de una guerra librada con toda su autenticidad, nadie se atrevería a decir que la Segunda Guerra Mundial se está librando ahora. La manifestación real y física de aquella guerra ya tuvo lugar previamente, hace 50 años; lo que vemos aquí y ahora es meramente una reproducción de aquel suceso.

Llevando esta analogía un paso más allá, consideremos la Segunda Guerra Mundial en su verdadera perspectiva metafísica. Desde un punto de vista kabbalístico, la matanza real que tuvo lugar en aquellos años oscuros fue, en efecto, una representación física y manifiesta del comportamiento humano tradicional hacia su prójimo. La guerra en cuestión no era distinta de cualquier otra acción del hombre que parte de un pensamiento metafísico previo. El comportamiento del hombre, que esencialmente parte de sus pensamientos de tolerancia o intolerancia hacia su prójimo, es la causa fundamental y primaria: las fases metafísicas, por así decirlo, de la película que ahora se proyecta. Tanto la cruel destrucción real de la humanidad que ocurrió físicamente durante los años 1939-1945 como el documental que se proyecta en el cine en el año 1995 son manifestaciones en nuestro nivel físico de aquella guerra.

CAPÍTULO VEINTE

LIBRE ALBEDRÍO VERSUS FATALISMO

Siempre que decidimos qué semilla —la causa de las causas— plantamos, la semilla en sí misma es, y seguirá siendo, invisible y a veces poco clara. Uno no puede percibir claramente la raíz, el tronco y las ramas del árbol cuando la semilla todavía no se ha plantado, y ciertamente cuando la elección de la semilla todavía no se ha realizado. Lo mismo sucede con las acciones del hombre. En el momento de la elección, nuestro libre albedrío —ya sea ser tolerante (impartiendo) o intolerante (siendo la intolerancia el *Deseo de recibir* sólo para uno mismo) — selecciona la naturaleza de la "semilla" que plantaremos en el futuro. Si nuestra acción en este nivel mundano es de tolerancia, entonces hemos elegido la semilla de la armonía, que es *Zeir Anpín*, la conexión exterior cósmica, con su flujo libre y constante de energía cósmica. Hemos elegido considerar el precepto de "Ama a tu prójimo como a ti mismo" como nuestro modo de comportamiento y, consecuentemente, somos capaces de disminuir la fuerza negativa cósmica del *Deseo de recibir sólo para uno mismo*. Cuando seleccionamos la semilla de la tolerancia, elegimos la semilla que producirá un circuito de energía dentro del cosmos, un circuito del cual nosotros, que hemos hecho la elección, seremos los principales beneficiarios, puesto que todos nosotros nos hallamos bajo la influencia del cosmos y su energía.

El libre albedrío consiste en una red infinita de significados y correlaciones en la cual todo se puede convertir en un símbolo de todo lo demás, aunque dentro de los límites de la unidad que todo lo abarca. Sólo en este marco se puede discutir el concepto del libre albedrío. El *Zóhar* dice que el propósito fundamental de la existencia del hombre en este nivel mundano es eliminar el *Pan de la Vergüenza*. La posibilidad de alcanzar este objetivo se basa únicamente en nuestra elección entre *Recibir con el propósito de impartir* y *Recibir sólo para uno mismo*. Una vez que se ha hecho esta elección y se ha plantado la semilla, todo lo que suceda después está predestinado y minuciosamente estructurado. Por supuesto, esto no significa que uno no pueda alterar el curso de su destino una vez que la suerte está echada. El *Zóhar* nos asegura que "aunque las estrellas impulsan, no obligan".

Ahora podemos reconciliar la dicotomía entre el libre albedrío y el fatalismo. El primero se refiere a la oportunidad que se le da al hombre de elegir recibir, ya sea con el *Propósito de Compartir* o *Sólo para uno mismo*, y una vez hace su elección, la suerte está echada y el fatalismo prevalece. Sin embargo, el concepto de fatalismo continúa reinando sólo hasta que el hombre ejercita su libre albedrío.

Por lo tanto, las condiciones de paz y guerra dependen totalmente de nuestro patrón de comportamiento dentro de esta matriz de libre albedrío/fatalismo. Pero aun cuando un estado de energía cósmica negativa —generado por las acciones de la gran mayoría de la humanidad— envuelve nuestro mundo en guerra y destrucción, todavía tenemos la oportunidad de trascender y alterar el impacto de esta energía negativa sobre nosotros mismos. Este fue el escenario que Moisés creó para los hijos de Israel.

La verdadera causa de la guerra no es meramente la lucha que se produce entre hombres. Una batalla sólo es la manifestación física de un conflicto metafísico no resuelto: un bloqueo del flujo libre de energía cósmica que se ha vuelto manifiesto en nuestra esfera terrestre. La batalla es meramente un efecto, una rama del problema. La raíz de la guerra está en otra parte. Las batallas metafísicas ya tuvieron lugar hace mucho tiempo, y las ondas expansivas o ecos están todavía presentes para que nosotros los utilicemos, si sabemos cómo.

En *Éxodo 12:37*, leemos: "Y partieron los hijos de Israel de Ramsés hacia Sucot, unos seiscientos mil hombres de a pie...". ¿Cuál es el significado del número de Israelitas que abandonaron Egipto? ¿Y por qué es relevante el número 600,000? Las respuestas a estas dos preguntas nos acercarán hacia el entendimiento de las influencias astrológicas que prevalecen en el momento de *Pésaj*.

El *Zóhar* nos dice que el planeta Marte, cuyos signos son Aries y Escorpio, empezó a existir a través de la influencia de la *Sefirá* de *Nétsaj* (Victoria). Igual que los patriarcas actúan como carrozas, o cables, para la energía de las *Sefirot* en esta Tierra, los planetas actúan como medio para esa energía en el cosmos. En ciertos momentos de cada día, mes o año, su influencia se siente más fuertemente en la Tierra. En el caso del Sol, ese momento es el mediodía, cuando el Sol alcanza el punto más alto en el cielo. En el caso de la Luna, la influencia se siente de forma más fuerte cuando está llena. En el caso de Marte, que irradia la energía metafísica de *Nétsaj*, la influencia se siente más intensamente en *Pésaj*, en el mes de *Nisán* (Aries). Esto explica por qué *Pésaj* cae en el 15° día del mes. Puesto que el calendario kabbalístico está basado en el ciclo lunar, el 15° día siempre es el momento en que hay luna llena. Usamos la Luna como la base de nuestro calendario porque tiene la misma estructura metafísica —*Maljut*— que nosotros. Por lo tanto, cuando la Luna está llena, indica que es el momento en que el potencial para recibir energía de *Zeir Anpín* (el Sol) está en su punto máximo. Puesto que *Pésaj* es el momento en que necesitamos conectar con la máxima cantidad de energía positiva para que nos permita vencer el poder de la Columna Izquierda que nos esclavizó en Egipto, el 15° día del mes es el único momento para lograr esta conexión.

Sin embargo, la energía de las *Sefirot* también se encuentra en ciertas piedras preciosas y semipreciosas, específicamente aquellas mencionadas en la Torá en conexión con la elaboración de la coraza del Sumo Sacerdote descrita en Éxodo 28:15-30 y, en relación a esto, se revelará el significado de los 600,000.

La capacidad de las piedras preciosas utilizadas para construir la coraza de forma que refleje los distintos colores de la luz, es una indicación de su capacidad para transmitir el poder metafísico de las *Sefirot*. La fuerza de energía en el interior de estas piedras se utiliza hoy en día por la ciencia: la dureza del diamante, las propiedades emisoras de luz del rubí que se utiliza en láseres y la cualidad constante vibratoria del cuarzo utilizado en relojes.

La energía de *Nétsaj*, que es la victoria ocasionada por la unificación de la Columna Derecha y la Izquierda a través de la Columna Central, se cristalizó en la piedra preciosa llamada *Tarshish*, conocida ahora por nosotros como topacio. Cuando la energía metafísica entró dentro de la piedra, la fragmentó en 600,000 *nitsotsim* (chispas), que luego entraron en los 600,000 Israelitas que estaban en Egipto en el momento del Éxodo, infundiéndoles con el poder de *Nétsaj*, que era necesario para la victoria sobre los poderes negativos de la Columna Izquierda. Sin embargo, no debe pensarse que nos estamos refiriendo a una piedra preciosa física. La fragmentación y las chispas son fuentes de energía metafísica representadas por el *Tarshish* (topacio) en el nivel físico, pero la raíz está en los Niveles Superiores de existencia.

La unión de todos estos elementos e influencias, además de las acciones de los Israelitas para atraer los elementos al nivel físico en la noche de *Pésaj*, marcó el inicio de su influencia en el mundo físico. Aunque todas estas influencias habían estado presentes en el universo, sólo habían existido antes del Éxodo en una forma incompleta y potencial. Pero en la noche de *Pésaj*, se logró el apareamiento completo. *Maljut* fue entonces invitado a tomar parte en la unión de los Niveles Superiores, cuya significancia queda claramente expresada en *Éxodo* 12:1-2: "Habló Jehová a Moisés y a Aarón en la tierra de Egipto, diciendo: 'Este mes será para ustedes el principio de los meses; para ustedes será éste el primero en los meses del año".

Debe señalarse que la expresión *"lajem"* (para ustedes) se repite para enfatizar que a partir de ese momento toda la humanidad poseería el poder, el conocimiento y el entendimiento para utilizar la influencia de los meses para sus propios fines. Este, en realidad, fue el primer precepto entregado a los hijos de Israel como un todo: *Kidush haJódesh* (la Santificación de la Luna Nueva). Esto se celebra con la *Halajá*, que requiere de dos testigos para proclamar el inicio del nuevo mes, indicando que no necesitamos seguir siendo un mero efecto de las fuerzas astrales, sino que podemos conectar con su energía y hacer uso de ella para lograr nuestros propósitos.

La función de los dos testigos al reportar la luna

nueva es más que la simple observación. En cierto sentido, los testigos controlan su apariencia a través de su observación. Es interesante señalar algunos avances recientes en numerosos campos de la ciencia, en los cuales se están sometiendo a escrutinio variables tan delicadas como que el experimentador y las herramientas que utiliza en el proceso de observación se están tomando en cuenta como una parte integral del experimento. Ciertamente, el mismo acto de observar en sí mismo, puesto que involucra el reflejo de otras ondas provenientes del objeto o partícula que se halla en observación, se sabe ahora que afecta al resultado del experimento. Esto se demuestra en el principio de incertidumbre de Heisenberg, que también ha sido reconocido durante muchos años en el campo de la ciencia social, en el cual se conoce como "el sesgo del experimentador". Las expectativas del experimentador supuestamente objetivo juegan un papel muy real en los resultados que obtendrá. De la misma forma, aunque la apariencia física de la Luna cambia sin que haya observadores que lo reporten, el cambio metafísico de la energía que representa la apariencia física de la luna nueva debe estar conectado con el ámbito de los preceptos y la observación antes de volverse operativo.

Este, entonces, fue el primer precepto y la primera lección entregada a los Israelitas al dejar Egipto: que con su conocimiento del funcionamiento de los sistemas de energía metafísica, dejaban de estar a merced de las influencias astrales y podían, a partir de entonces, determinar el efecto que dichas influencias tendrían en sus vidas.

Se nos entregó este control sobre la Luna sólo en el momento de nuestro Éxodo de Egipto; debe quedar claro que hasta aquel momento habíamos estado dominados por su influencia. Debemos, por lo tanto, preguntarnos cuál era esa influencia para que nos llevara hacia la cautividad y la esclavitud.

La respuesta es simple y puede deducirse si tan solo consideramos la diferencia entre el Sol y la Luna. Mientras que la naturaleza interna del Sol es impartir luz, dándole la esencia del *Deseo de impartir*, la Luna, que no tiene luz propia y es visible sólo a través de la luz que recibe del Sol, tiene la esencia interna del *Deseo de recibir*. Sabemos esto gracias a la Creación. El Sol, que es *Zeir Anpín*, recibe su luz directamente de *Biná*, la fuente de toda esta energía. La Luna (*Maljut*), que empezó recibiendo la luz directamente de *Biná*, se volvió vacía como resultado del *tzimtzum* (restricción) provocado por el Pan de la Vergüenza en el cuarto día de la Creación. Cayó así por lo tanto por debajo del nivel de las otras seis *Sefirot* que gobiernan el universo y que forman colectivamente *Zeir Anpín*. Por consiguiente, la Luna recibía la luz sólo indirectamente a través de *Zeir Anpín* y de esta forma pasó a representar el *Deseo de recibir*: el poder de la Columna Izquierda y el factor que ocasionó los 400 años de esclavitud que los Israelitas soportaron en Egipto.

CAPÍTULO VEINTIUNO

REDENCIÓN:
LA REALIDAD CÓSMICA

El *Zóhar* dice: "Rav Jiyá empezó citando de *Proverbios 23:6*: 'No comas pan del hombre que tiene mal de ojo; ni codicies sus manjares'. 'Ciertamente', dijo Rav Jiyá, 'el pan o cualquier otro favor ofrecido por una persona con mal de ojo no es digno de comerse ni disfrutarse. Si los hijos de Israel, cuando bajaron a Egipto, no hubieran probado el pan de los egipcios, no habrían permanecido allí en exilio, ni los egipcios les habrían oprimido'".

Un vez más, el *Zóhar* interpreta las palabras de la Biblia dándoles un significado más profundo que el que puede resultar aparente a simple vista. Sabemos que los egipcios eran conocidos expertos en el uso de la energía negativa: el *Deseo de recibir sólo para uno mismo*. Efectivamente, habían llegado a la 50^{ava} Puerta del Sistema Impuro, lo cual indicaba su maestría y dominio totales sobre el poder de la Columna Izquierda. El uso de la palabra "pan" en el pasaje de la Biblia nos recuerda que la naturaleza básica y metafísica del pan es el *Deseo de recibir*, que vemos en el funcionamiento de la levadura con la cual se elabora. Esto, a su vez, nos recuerda el significado del *matzá* o pan ácimo, que formaba una parte central del sistema metafísico establecido por los Israelitas en el tiempo de *Pésaj*: un rechazo del poder de la Columna Izquierda, simbolizado por la ausencia de levadura en el pan que hornearon para su última comida en cautividad.

El mismo nombre que se otorga a Egipto en la Torá —*Mitzraim*— viene de la raíz hebrea metzar, que significa "estrecho, apretado, comprimido, restringido", lo cual indica que el poder de los egipcios había restringido el aspecto de la Luz, la energía de la Columna Derecha. Este es el motivo por el cual los egipcios eran totalmente capaces de dominar a los hijos de Israel. Sabemos que los Israelitas, en esta fase de su historia, estaban en un nivel espiritual muy bajo. Habían alcanzado la 49^{ava} Puerta de la Suciedad. La palabra hebrea para "suciedad" es *tumá*, que proviene de la raíz hebrea *tamé*, que significa "apartar" Si los Israelitas hubieran alcanzado la 50^{ava} Puerta, habrían sido, como los egipcios, totalmente e irrevocablemente apartados de los poderes de la energía positiva y, por lo tanto, fuera de cualquier esperanza de redención.

Con seguridad, los Israelitas se habían resistido a los intentos de forzarles a adoptar las vestimentas, los nombres y la lengua egipcia, afirmando así su identidad en estas áreas; sin embargo, en los demás aspectos, habían sucumbido totalmente a la influencia del *Deseo de recibir*, sin hacer ningún esfuerzo por transformarlo en un *Deseo de impartir*. Por consiguiente, debe quedar claro que los Israelitas fueron esclavizados principalmente por la Columna Izquierda —el *Deseo de recibir*—, y fue sólo como resultado de esa subyugación metafísica que entraron en un estado de esclavitud física a los egipcios, quienes representaban la personificación física del *Deseo de recibir*.

Ahora queda claro que la redención que tuvo lugar en la noche de *Pésaj* tuvo dos vertientes: una de naturaleza física y otra espiritual. De la misma forma que la redención física de la liberación de la esclavitud fue un efecto de la esclavitud metafísica que ya existía, también la huída física de Egipto fue un resultado del evento metafísico raíz de *Pésaj*: la redención espiritual de los poderes de la magia negra, la oscuridad, la energía negativa y el *Deseo de recibir*. Por ese motivo, tanto la redención física como la espiritual fueron meramente formas diferentes de expresar la misma fuerza.

La dedicación total de los egipcios al poder de la Columna Izquierda queda claramente reflejada en su maestría en el arte de la momificación. La preservación de los cuerpos después de la muerte, que había alcanzado su punto máximo en la época del Éxodo, sólo se pudo haber logrado en una nación totalmente gobernada por el *Deseo de recibir* sólo para uno mismo, una nación para la cual el cuerpo físico representaba el aspecto más importante de la vida. Egipto llegó a dominar el mundo sólo en el momento en que los hijos de Israel fueron esclavos allí. Por motivos que ahora ya deben resultar obvios, tras el Éxodo de los Israelitas de Egipto, el poder de los egipcios disminuyó y su maestría en el arte de la momificación nunca volvió a alcanzar las alturas que había disfrutado durante la esclavitud de los Israelitas.

El *Zóhar* dice:

Está escrito en el libro de Rav Hamnuna el Anciano, en conexión con las palabras: "Entretanto, se levantó en Egipto un nuevo rey...". (Éxodo 1:8), que todas las naciones del mundo y todos sus reyes se volvieron poderosos en sus reinados a causa de Israel. Egipto no gobernó sobre el mundo hasta que Israel vino y se asentó allí, y posteriormente Israel entró en el exilio. Sólo en aquel momento Egipto se convirtió en el gobernante sobre el mundo entero (es decir, en términos del predominio de Egipto de los poderes de la energía negativa). Lo mismo es cierto de Babilonia y también de Edom; sólo debido a los Israelitas que entraron en el exilio en aquellas naciones, Babilonia y Edom gobernaron entonces sobre todo el mundo. Antes de eso, aquellas naciones eran insignificantes y despreciadas por otras naciones del mundo. Egipto está descrito, por lo tanto, como una "casa de esclavos" (Éxodo 20:2), los Babilonios eran igualmente insignificantes, pues se les llamaba "un pueblo que no existía" (Isaías 23:13), mientras que sobre Edom estaba escrito: 'Contemplad, pues les he hecho pequeños entre las naciones y son muy despreciados'. (Obadía 1:2) Se debió por completo a los hijos de Israel que las naciones de Egipto, Babilonia y Edom lograran la grandeza. Tan pronto como Israel era vencida por cualquiera de estas naciones, esa nación se convertía inmediatamente en la más poderosa del mundo. Sólo Israel es el equivalente de todas las otras naciones juntas. Por lo tanto, cuando Israel bajó a Egipto, Egipto obtuvo poder de una vez sobre el resto del mundo. Este es el significado de: 'Ahora allí se levantó un nuevo rey'. Esto significa que el gobernante de Egipto ganó en fortaleza y se volvió dominante sobre los gobernantes de otras naciones. Así se cumplieron las palabras de la Torá: "Por tres cosas se alborota la tierra; por el esclavo cuando reina...". (Proverbios 30:21)

Una vez más, debe enfatizarse que el *Zóhar* no está hablando necesariamente sobre la dominación física, sino más bien de la ascendencia metafísica. La dominación real que tuvo lugar con respecto a Egipto sobre los hijos de Israel sólo fue posible porque los Israelitas se habían subyugado anteriormente al poder metafísico de la Columna Izquierda, lo cual permitió a los egipcios —la personificación de la Columna Izquierda— obtener la predominancia sobre ellos.

La verdad de estas palabras del *Zóhar* se vuelve asombrosamente clara si consideramos por un momento el destino de la tierra de Israel a lo largo de la historia con respecto a las otras naciones del mundo. Encontramos el Imperio Parto de Ciro alcanzando su pico en un momento en el que los Israelitas estaban viviendo el exilio en Babilonia. Un fenómeno similar ocurrió en el caso de los Imperios Griego, Romano y Otomano. El ejemplo más reciente de este patrón extraordinario es el Imperio Británico. En cada caso, el país en cuestión alcanzó el pico de su influencia internacional en el momento en que gobernó sobre la tierra de Israel, e inició su declive desde el momento en que perdió posesión de dicha tierra.

Todo esto está estrechamente conectado con la idea de la cabeza del misil nuclear presentada anteriormente. Cada sistema, ya sea del Lado de la Limpieza o del Lado de la Impureza, debe contener las diez fases de las *Sefirot*. Una estructura que carece de las Tres *Sefirot* Superiores es como una armada sin comandante: llena de potencial para la acción, pero carente de dirección. Cuando los hijos de Israel se quedaron sin líderes que les mantuvieran en el camino adecuado y aseguraran que los preceptos y los mandamientos de la Torá se entendían y se respetaban, fueron susceptibles al ataque de otros países que explotaron el gran potencial de energía metafísica de los Israelitas para los fines propios de estas otras naciones.

Hasta aquí, hemos investigado la fuente del poder de los egipcios en el *Deseo de recibir*, y hemos visto cómo la esclavitud de los hijos de Israel se vio afectada por este poder. Hemos aprendido que la subyugación y el sufrimiento físicos de los Israelitas en Egipto fue un reflejo de que su ser estaba dominado por el poder metafísico de la Columna Izquierda, representada por los egipcios. También hemos indicado las influencias que prevalecen en los Reinos Superiores, lo cual indica que la noche del 14° día de Nisán fue el momento en que la cantidad óptima de energía de *Nétsaj* (Victoria) estaba a disposición de los Israelitas para su uso, y que Moisés era una carroza para atraer esa energía hacia los Israelitas. Y finalmente, hemos aprendido sobre la influencia del planeta Marte y la piedra preciosa llamada tarshish (topacio) en el momento del Éxodo de Egipto.

Puede que todavía haya algunos que no sientan conexión con estos acontecimientos que tuvieron lugar hace tanto tiempo. Uno de los principales objetivos de este libro es abrir los ojos de la gente al hecho de que cuando hablamos de *Pésaj* no estamos hablando sobre un suceso histórico. Estamos hablando de un proceso intensamente personal y vital —la liberación de la esclavitud/caos—, que es literalmente tan real y necesario para nosotros en la actualidad como lo fue para aquellos Israelitas que fueron esclavos de Egipto hace tanto tiempo.

CUARTA PARTE

LA REENCARNACIÓN

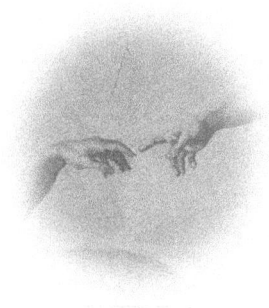

CAPÍTULO VEINTIDÓS

LA CONTINUIDAD
DE LA HISTORIA

Leemos en la *Hagadá* de *Pésaj* que en cada generación estamos obligados a vernos a nosotros mismos como si viniéramos personalmente de Egipto.

La palabra *jayav* (obligado) es uno de los puntos cruciales para entender verdaderamente la significancia espiritual de *Pésaj*. Hablaremos más sobre esta palabra más adelante, pero de lo que ya hemos discutido debemos extraer que uno de los significados de *jayav* es que debemos aprovechar la oportunidad de conectarnos con la energía de *Nétsaj* de la cual se llena el cosmos durante la noche de *Pésaj*. Nuestra obligación, sin embargo, es más profunda que esta conexión. Según la Hagadá, se requiere de nosotros que nos identifiquemos con aquellos Israelitas que escaparon de Egipto. Obviamente, no podemos identificarnos con individuos que vivieron hace tanto tiempo, ni se da ningún detalle sobre las familias individuales en la descripción del Éxodo que hace la Torá. De hecho, nuestra identificación con los Israelitas del tiempo del Éxodo no debe efectuarse a través de sentimientos de simpatía o empatía. La razón verdadera, tal como nos cuenta Rav Isaac Luria (el Arí), es que nosotros somos reencarnaciones de aquellas mismas almas que abandonaron Egipto durante *Pésaj*.

Los conceptos y las enseñanzas sobre la reencarnación han sido ignorados —si no plenamente rechazados— por el pensamiento contemporáneo. Quizás se siente que tales ideas ya no son respetables en la era de la razón y la objetividad científica. Sin embargo, también vivimos en una era en la que, a pesar de los maravillosos logros de la ciencia y la tecnología, las personas están buscando, más que nunca, el significado oculto de su existencia, intentando desesperadamente encontrar el sentido a un mundo en el que el caos y la injusticia abundan y los inocentes sufren. A este respecto, la ciencia ha demostrado ser un mal maestro.

La reacción de muchos ha sido acudir a las religiones y las filosofías del Este, cuyas enseñanzas tratan sobre la aceptación y donde los aspectos morales intangibles de la vida todavía se consideran material adecuado de estudio e investigación. Sin embargo, dentro de la sabiduría de la Kabbalah y de la Biblia, existe una consideración completa e intelectualmente satisfactoria de todas estas cuestiones. Ciertamente, uno de nuestros objetivos principales con la publicación de estos libros que comentan la obra de la Kabbalah, es revelar a toda la humanidad la riqueza y la extensión de nuestro legado de conocimiento y sabiduría que es tan relevante y vital en nuestros tiempos.

Una de las enseñanzas principales de la Kabbalah es que, en asuntos espirituales, no existe la pérdida ni la desaparición. Ya hemos dado pistas sobre esta enseñanza central en varias ocasiones: por ejemplo, en nuestra discusión sobre la naturaleza espiral del tiempo, a través de la cual una fuerza de energía tal, traída por los Israelitas en el momento del Éxodo, permanece "fijada" en aquel momento, o fase de la espiral, para siempre. También vemos esta consistencia en las conjunciones de los planetas cuyos cursos e influencias están fijados en los cielos, así como en las estaciones del año, a las cuales están sujetas todos los seres vivientes, incluido el hombre (aunque sólo el hombre puede anular dichas influencias).

En la espiritualidad, como ya hemos dicho, no existe la pérdida ni la desaparición. Hoy en día contenemos las mismas almas que estaban presentes en el momento del Éxodo. Entonces, ¿dónde se originaron estas almas? Para cumplir el precepto de la *Hagadá* —donde nos vemos a nosotros mismos como participantes en el Éxodo de Egipto—, debemos entender verdaderamente cuál es nuestro lugar y nuestro papel en la espiral eterna de la historia. Para lograr esto, debemos retroceder en el viaje de nuestras almas hasta su fuente en esta Tierra: Adán.

Según la sabiduría de la Kabbalah, los Israelitas de la generación que fue esclavizada en Egipto eran aquellas chispas de almas que Adán, en su pecado, había producido en los 130 años que vivió antes del nacimiento de su hijo Set. *Génesis 5:3*, nos dice: "Y vivió Adán ciento treinta años, y engendró un hijo a su semejanza, conforme a su imagen, y llamó su nombre Set". Las almas que vivieron en el momento del Éxodo eran también las mismas almas que vivieron en el momento del Gran Diluvio, pues en *Génesis 6:5* leemos: "Y el Señor vio que era mucha la maldad de los hombres en la tierra, y que toda intención de los pensamientos de su corazón era sólo hacer siempre el mal".

El *Zóhar* confirma esto en su uso de la expresión *benei haadam* (los hijos del hombre/Adán), que enfatiza que no sólo eran un grupo cualquiera de personas, sino aquellas mismas almas que habían partido de Adán.

El Arí, en *"Los Escritos del Arí: la Puerta de la Meditación"*, escribe que la palabra hebrea para "hombre" es *haadam*. El Arí nos explica claramente que las chispas de almas creadas como resultado del pecado de Adán se reencarnaron en el tiempo de Noé. El Arí continúa:

> *Después del tiempo de Noé, aquellas mismas almas se reencarnaron de nuevo, ya que se habían destruido durante el Diluvio, para completar su corrección espiritual en el momento en que se construyó la Torre de Babel, tal como leemos en Génesis 11:5: 'Y el Señor descendió para ver la ciudad y la torre que habían edificado los hijos de los hombres'.*

> *La esencia de las almas es como el oro, que se produce en la matriz de la Tierra. Cuando el oro se extrae, primero está completamente envuelto de suciedad e impurezas sin medida, por lo que no parece tener el aspecto del oro en absoluto. Luego se*

requiere de un refinador, alguien que posee la sabiduría para extraer el oro a través de un proceso de refinamiento y repetidas purificaciones. El segundo paso de este proceso de purificación es diferente del primero, y así sucesivamente, hasta que las diversas impurezas han sido separadas del oro.

Debido al pecado de Adán, las almas que se bajaron fueron mezcladas con las impurezas de las klipot. Sabemos que el oro debe hacerse más puro, limpio y brillante. De forma similar, estas almas fueron purificadas y corregidas hasta que fueron capaces de eliminar sus klipot y ser gradualmente corregidas.

Por lo tanto, las almas que existieron en el tiempo de la esclavitud habían sido en cierta medida corregidas por el refinamiento de la destrucción física provocada por el Diluvio y por la dispersión que siguió a la Torre de Babel. Esto nos lleva a un entendimiento más profundo de por qué los decretos fueron tan arduos durante la esclavitud en Egipto. Esto estaba directamente relacionado con el estado de las almas de la generación del Diluvio, que habían pecado malgastando su semilla: "Entonces Faraón mandó a todo su pueblo, diciendo: 'Echad al río a todo hijo que nazca [de los Israelitas]...' (Éxodo 1:22)".

Muchos comentarios han intentado explicar el significado de este decreto, afirmando que el Faraón previó que en algún momento nacería un hijo de entre los Israelitas que les llevaría fuera de Egipto. Esto puede explicar su deseo de matar a toda la descendencia masculina, pero no proporciona una respuesta satisfactoria a la cuestión de por qué se eligió el ahogamiento como método particular de infanticidio.

El Arí vio, en *Éxodo 1:22*, un indicativo de que las almas de los Israelitas nacidos en Egipto pasaron por el mismo proceso de purificación que en el tiempo del Diluvio, en el que también fueron arrojadas al agua:

Esto indica que las personas de la generación de la esclavitud en Egipto eran reencarnaciones de las almas del tiempo de la Torre de Babel, pues en Éxodo 1:13-14, leemos: "Y los egipcios hicieron servir a los hijos de Israel con dureza,... y amargaron su vida con dura servidumbre, en hacer barro y ladrillos". La mención de la dureza provocada por su trabajo con "barro y ladrillos" indica la conexión con la generación de la Torre de Babel, que vemos claramente cuando leemos en Génesis 11:3: "Y se dijeron unos a otros: 'Vamos, hagamos ladrillo y cozámoslo con fuego'. Y les sirvió el ladrillo en lugar de piedra, y el asfalto en lugar de mezcla".

Sin embargo, Moisés no era una encarnación de aquellas almas que se produjeron durante los ciento treinta años del pecado de Adán, sino que partieron del alma de Set, quien nació después de dicho periodo. Por lo tanto, sobre Moisés, está escrito: "Concibió la mujer y dio a luz un hijo; y viendo que era hermoso (es decir, que su alma no estaba profanada por el pecado de Adán) lo tuvo escondido durante tres meses". (Éxodo 2:2)

El *Zóhar* también enfatiza el hecho de que Moisés no se originó de aquellas almas que estaban envueltas en la *klipot* del pecado de Adán: "Un hombre de la casa de Leví fue a tomar por mujer una hija de Leví". (*Éxodo 2:1*) el hombre aquí es Amram; y la hija de Levi es Yojebed. Leemos en el *Talmud Babilónico, Tratado Sotá*: "Yojebed, en el tiempo del nacimiento de Moisés, tenía ciento treinta años. Yojebed es referida como *bat Levi* (una hija de Levi), para indicarnos que se transformó en una mujer joven de nuevo para poder dar a luz a Moisés".

El Arí también nos explica que Yojebed era una reencarnación de Eva: "Igual que Adán se separó de Eva durante ciento treinta años antes del nacimiento de Set, también Yojebed dio luz a Moisés (una reencarnación de Set), tras un periodo similar de separación de su marido, Amram".

CAPÍTULO VEINTITRÉS

EL TETRAGRÁMATON CÓSMICO

En *"Los Escritos del Arí: la Puerta de la Meditación"*, Rav Isaac Luria (el Arí) dice: "Por lo tanto, los Israelitas bajaron a Egipto, pues Egipto (*Mitzraim*) contiene el secreto de las *klipot*".

La palabra *klipot* significa "cáscaras", lo cual indica algo que cubre y oculta; algo que no permite el intercambio y el flujo de energías y Luz. Las *klipot* reciben su alimento de la Luz del Creador, que baja de Arriba. Cuando una persona peca, conectándose así con el Sistema Impuro, hay una retirada de la Luz de Arriba para evitar que las *klipot*, de las cuales se rodea la persona, extraigan más energía positiva de la Fuente de Luz. Esta retirada de la Luz, desde un punto de vista kabbalístico, es la causa raíz de todas las enfermedades físicas. La retirada de Luz de cualquier área del cuerpo hace que las *klipot* rodeen esa parte del cuerpo; la consecuente falta de energía metafísica en la región afectada del cuerpo lleva a una "oscuridad" o una obstrucción, que sólo puede ser eliminada mediante una infusión de Luz o energía positiva.

Por lo tanto, el sufrimiento y el apuro soportado por los Israelitas en Egipto debe entenderse como una purificación espiritual: una eliminación gradual de *klipot*, de la misma forma que en la cirugía moderna se utilizan diversas formas de luz y energía para el tratamiento de la enfermedad. No obstante, el proceso de purificación y la eliminación final de las *klipot* no afecta, en y por sí mismo, a la causa raíz de las *klipot*, que es el apego del individuo a las fuerzas de energía negativa que ocasionaron la retirada de Luz en primer lugar. El proceso de purificación de los Israelitas en Egipto puede compararse a tratar los síntomas de una enfermedad, algo que provoca un alivio en el paciente y le da más fortaleza con la cual recuperarse, pero no elimina la causa de la enfermedad.

Por este motivo, el periodo de exilio se denomina *galut*, que indica la ocultación de la Luz, mientras que la redención recibe el nombre de *gueulá*, la revelación o descubrimiento de la Luz. La restricción o estrangulación de la Luz que resultó del hecho de que los Israelitas vivieran en Egipto está contenida en la palabra hebrea para Egipto: *Mitzraim*, que proviene de la raíz *metzar*, o "restringido". Durante el periodo de esclavitud, cuando los hijos de Israel estuvieron dominados por las *klipot* y la energía negativa del *Deseo de recibir*, la Luz de Arriba fue restringida para que no proporcionara alimento a las *klipot*. Los Israelitas estaban literalmente hambrientos por una falta de energía metafísica. Esta fue la causa del sufrimiento de los Israelitas en Egipto.

En Éxodo 5:2, dice: "Faraón respondió: '¿Quién es Jehová, para que yo oiga su voz y deje ir a Israel? Yo no conozco a Jehová, ni tampoco dejaré ir a Israel'".

El Faraón había completado su conocimiento sobre brujería —los poderes negativos de la Columna Izquierda—, lo cual se confirma en el *Talmud Babilónico, Tratado Moed Katán*, donde dice: "No había ni habrá nadie comparable a Faraón en su conocimiento del aspecto de la Columna Sucia".

Por lo tanto, cuando Moisés vino al Faraón y le habló sobre el poder del Señor, es decir sobre el poder del Tetragrámaton (el Nombre de Dios de cuatro letras), y sobre el sistema a través del cual se difunden y se diseminan las energías metafísicas por los Niveles Superiores e Inferiores del cosmos, no fue sorprendente que Faraón negara la existencia misma de tal sistema.

Tal como leemos en *Los Escritos del Arí: la Puerta de la Meditación*: "Por lo tanto Faraón dijo, 'No conozco al Señor', pues él vio que las *klipot* metafísicas que gobernaban sobre él no extraían su alimento de aquella fuente".

Esto nos lleva a una posterior consideración. Sería un error asumir que la única razón por la cual el Faraón negó la existencia de un sistema para la energía positiva fue su propia atracción gravitacional hacia el Sistema Impuro. El rechazo del Faraón del poder del Tetragrámaton (siendo este poder la esencia del evento de *Pésaj*) no parece diferir mucho de lo que la mayoría de la gente piensa realmente hoy en día en referencia a su entendimiento o implicación con *Pésaj* y el sistema de energía del Tetragrámaton. Actualmente, la vasta mayoría de la gente rechaza rotundamente la relevancia de *Pésaj* y su significado para la humanidad hoy en día. Con cada año que pasa, descubrimos que cada vez menos personas participan en lo que a menudo se ve como un aspecto ceremonial o ritual del judaísmo.

El punto central es este: la ignorancia y falta de entendimiento de nuestra Biblia en general y sus preceptos en particular forma parte de la raíz de este problema. Una razón de esta incredulidad generalizada puede encontrarse en esta ignorancia sobre la Biblia, aunque hay una tendencia creciente a buscar un mayor significado espiritual a las cosas. Cuando está escrito: "Por lo tanto él dijo 'No conozco al Señor'", es precisamente a través de la palabra "conozco" que la Biblia revela todo lo que debe entenderse con respecto al rechazo del Faraón al Creador.

La adquisición de conocimiento —conocer— no es meramente una transferencia de información de una fuente a otra. Sus raíces van mucho más profundo que la interacción entre el maestro y el estudiante. Es mucho más que un método práctico para que un individuo logre una unión del intelecto humano en la fase más elevada de su desarrollo. El objetivo de "conocer" es permitir y efectuar un *devekut*, una adherencia y conexión espiritual con las influencias y energías cósmicas del Mundo Superior: nuestra conexión con el espacio exterior de *Zeir Anpín*.

En el siguiente verso bíblico se ofrece una explicación de esta descripción del conocimiento: "Conoció Adán a su mujer Eva, la cual concibió y dio a luz a Caín". (*Génesis 4:1*) Aquí la relación sexual de Adán y Eva se utiliza para describir el despliegue de conocimiento, que es una transferencia de y una conexión con la energía metafísica. Es en esta misma línea que el Faraón negó tener ningún conocimiento ("No conozco") o posible conexión con el Tetragrámaton (el Señor), la unidad que todo lo abarca y a través de la cual la humanidad puede convertirse en la dueña de su destino y escapar del aspecto de la negatividad del cual pocas veces es libre. Esto debe quedar claro a la luz de lo que hemos dicho con respecto a la retirada necesaria de la Luz en presencia de las *klipot* para no nutrir el poder maligno de la Columna Izquierda.

Como los Israelitas todavía no habían conectado a través de la conexión con el espacio exterior de *Zeir Anpín* (esta conexión sólo ocurriría con la matanza del cordero sacrificial) y la energía cósmica de *Zeir Anpín* aún no se habían extendido hasta el nivel de *Maljut* por miedo a las *klipot*, el Faraón simplemente no tenía conocimiento de lo que nosotros denominamos "conciencia cósmica", o pura conciencia. La válvula de seguridad de la conexión con el espacio exterior es no conectar nunca con el nivel físico mundano, donde las *klipot* pueden apegarse a su energía cósmica pura. Este nivel físico mundano es el nivel en el que los Israelitas se encontraban en el momento del rechazo del Faraón al poder de la Luz.

Otro verso bíblico empieza ahora a encajar el cuadro

general del estado y el poder de Egipto: "Y el Señor endureció el corazón de Faraón, que no les escuchó, según el Señor había dicho a Moisés". (Éxodo 9:12) Pero si el Faraón quería liberar a los hijos de Israel en esta fase, tal como indica la necesidad de endurecer su corazón, ¿por qué se evitó que lo hiciera? Con la evidencia del poder del Señor, tan terroríficamente demostrada por las plagas, ¿cómo pudo el Faraón negarse a liberar a los Israelitas?

El Arí, en *"Los Escritos del Arí: la Puerta de la Meditación"*, responde: "Debido a que el Farón sabía, en su sabiduría, que esta infusión de energía (es decir, la energía positiva que se necesitaba para liberar a los Israelitas del control metafísico que el Faraón tenía sobre ellos) todavía no había aparecido. Era esta ausencia del Señor (el poder del Tetragrámaton) lo que hizo que el Faraón no estuviera dispuesto a permitir que partieran".

Este comportamiento contrasta marcadamente con las palabras del Faraón a José en una ocasión anterior: "Y Faraón dijo a José: 'Puesto que Dios te ha hecho saber todo esto, no hay nadie tan prudente ni tan sabio como tú'". Sin embargo, en este ejemplo Faraón se refería a ese aspecto del Señor llamado *Elohim*, el cual posee un nivel inferior de energía que el Faraón podía comprender y apreciar. Fue sólo cuando se enfrentó al poder del Nombre Sagrado, el Tetragrámaton, que posee un nivel más elevado de energía, que no fue capaz de reconocer el significado verdadero de la secuencia de eventos que estaba teniendo lugar.

En el mismo contexto, leemos: "Pero tengan cuidado, no sea que sus corazones se dejen seducir, y ustedes se extravíen, sirviendo a *elohim ajerim* (otros dioses) y postrándose delante de ellos". (*Deuteronomio 11:16*) El uso del término *elohim ajerim* indica que estos "otros dioses" eran las *klipot* que se adhieren allí donde no hay una estructura total y completa de energía metafísica, como sucede cuando las energías limitadas de Elohim están en funcionamiento.

Esto plantea la pregunta sobre los diferentes grados a través de los cuales el poder del Todopoderoso se transforma. ¿Cómo podemos entender estas distinciones, puesto que leemos al principio del *Shemá*: "*Adonai Elohenu, Adonai Ejad*" (el Todopoderoso es nuestro Dios, el Todopoderoso es Uno)? Las palabras del Faraón parecen implicar una diversidad que se contradice con la unidad expresada en el *Shemá*. Este mismo problema es discutido por los sabios en el *Zóhar*:

> "*Y Elohim dijo: "Déjanos hacer al hombre".
> ¿Quién dijo "Déjanos hacer al hombre"? ¿Quién es
> Elohim?... Rav Shimón procedió: "Debemos
> imaginarnos a un rey que quería que se construyeran
> un número de edificios. Este rey tenía a su servicio un
> arquitecto que no hacía nada sin la aprobación de su
> maestro. El rey es la Sabiduría Celestial Arriba,
> mientras que la Columna Central es el rey Abajo.
> Elohim es el arquitecto Arriba, en la forma de Biná
> (Madre Celestial), así como también, en la forma de
> Shejiná (Presencia Divina), el arquitecto Abajo.*

Cuando el rey desea que se construya algo, lo cual se lograba mediante el proceso conocido como Emanación, Jojmá (Padre Celestial) le dijo a Biná (Madre Celestial) a través del medio de las palabras: "Que así sea", e inmediatamente sucedió, tal como está escrito: "Y Él (Elohim) dijo: 'Sea la Luz; y fue la Luz'". En otras palabras, Adonai (el Uno) dijo a Elohim: 'Sea la Luz'. El maestro del edificio dio la orden y el arquitecto la ejecutó de una vez. Este es el camino de todo lo que era creado por el proceso de Emanación. Rav Shimón continuó entonces, citando el texto: "Vean ahora que Yo, Yo soy Él, Y Elohim no está conmigo". (Deuteronomio 32:39) Él dijo: "Amigos míos, hay muchos misterios profundos contenidos en este pasaje y puesto que se ha concedido el permiso para hablar de ellos, se los revelaré. ¿Quién dice: "Vean ahora que Yo, Yo soy Él"? Esta es la Causa, Quien está arriba de todas las multitudes en las Alturas, y Quien se llama la Causa de las Causas. Está por encima de aquellas otras causas, puesto que ninguna de ellas actúa hasta que obtiene el consentimiento de Quien está por encima. Tal como ya hemos indicado en conexión con la expresión "Déjanos hacer al hombre". Pero Quien se llama la Causa por encima de todas las Causas no tiene ningún superior, ni siquiera un igual, tal como está escrito: "¿Con quién podrán compararme? ¿A quién me parezco?". (Isaías 40:25) Es Él Quien dice: "Vean ahora que Yo, Yo soy Él, Y Elohim no está conmigo".

CAPÍTULO VEINTICUATRO

CALIDAD Y CANTIDAD
DE ENERGÍA

Resulta útil tener presente que estamos discutiendo sobre *diferentes aspectos* del flujo de energía. Por lo tanto, podemos decir que aunque la Fuente metafísica de esa energía siempre es la misma y es indivisible —siendo el reino de "Yo soy Él" — nuestra existencia en este nivel físico significa que no podemos conectar directamente con ese nivel de energía ni saber nada más sobre él además de su existencia. De la misma forma, la fuente raíz de la fuerza de energía llamada electricidad sigue siendo un misterio para nosotros, pues sólo podemos empezar a experimentarla una vez que ha entrado en el mundo de la acción. Aunque somos conscientes de ella y dependemos de su poder, no podemos extraer la energía que necesitamos directamente de la fuente de ese poder, de la planta generadora donde se produce la energía, pues en esa fase la energía se encuentra en estado "puro" y contiene demasiado poder para los diversos usos que podemos querer darle. Ni siquiera podemos conectarnos con los cables que llevan la electricidad a las áreas en las que se necesita, puesto que la electricidad se encuentra todavía en un estado de alto voltaje. Hasta que esa fuerza original no ha sido restringida a una forma adecuada para el consumo doméstico, no podemos hacer uso de ella. Por lo tanto, el poder que ilumina y calienta nuestros hogares tiene la misma relación con la fuente invisible y desconocida de energía eléctrica que el nivel de energía de *Elohim* tiene con el nivel conocido como la "Causa de todas las Causas".

Desde esa perspectiva, se vuelve posible entender la afirmación de que las *klipot* de impureza pueden adherirse a la energía de *Elohim*. La energía de *Elohim* está restringida, y por lo tanto, incompleta. Puede estar contenida de la misma forma que la electricidad está contenida y restringida por el filamento de una bombilla de luz.

Sin embargo, a medida que la energía se hace más poderosa, se vuelve más difícil de contener, tal como han revelado de forma tan dramática los avances en la física nuclear en el desastre ocurrido en la Isla de las Tres Millas. Los problemas principales a los que se enfrentan los científicos en el nuevo campo de la fusión del ión de hidrógeno como medio para generar poder están todos conectados con la dificultad de contener la asombrosa cantidad de energía generada por el reactor nuclear.

La advertencia de no servir a *elohim ajerim* (otros dioses) indica el peligro de asumir que las manifestaciones visibles de los niveles inferiores de energía representan la forma más elevada de esa energía. El Creador nos advierte de que no sirvamos a ningún nivel de energía que no sea completo, pues la falta de completitud indica contención, y la contención indica a su vez la presencia de *klipot*. Si veneramos algo que puede ser contenido, estamos venerando en realidad al contenedor (*klipá*), tanto como a la energía que hay en su interior. El Dios verdadero, el Creador de todas las cosas Arriba y Abajo, no está contenido en ninguna forma, Dios no lo permita, y este es precisamente el significado del verso: "¿Con quién podrán compararme? ¿A quién me parezco?". (*Isaías 40:25*)

Esta es la promesa implícita en *Éxodo 6:6-7*: "Por tanto, dile a los hijos de Israel: 'Yo soy el Señor, *y los sacaré* de debajo de las cargas de los Egipcios. *Los libraré de su esclavitud, y los redimiré con brazo extendido* y con grandes juicios. *Los tomaré a ustedes por pueblo Mío*, y Yo seré su Dios, y sabrán que Yo soy el Señor su Dios, que los sacó de debajo de las cargas de los Egipcios".

Las cuatro expresiones de redención contenidas en este pasaje se relacionan con las cuatro letras del Nombre Sagrado (el Tetragrámaton) —*Yud, Hei, Vav* y *Hei*— que están contenidas en la palabra hebrea para "Señor". Este sistema de energía total, a través del cual los Israelitas fueron redimidos en *Pésaj* de su esclavitud a los poderes de la energía negativa, infunde con Luz el nivel inferior de *Elohim*, pues es este el nivel que será un Dios para los hijos de Israel: el arquitecto sobre el cual leímos anteriormente en el pasaje del *Zóhar*. Sin embargo, se les advierte que esta estructura es incompleta sin el elemento Superior de la Causa de las Causas: "Y sabrán que Yo (es decir, el Tetragrámaton) soy el Señor su Dios".

El sistema por el cual la energía metafísica puede se transferida —energía capaz de estimular la esencia más profunda del alma, liberándola de las limitaciones del cuerpo físico— puede encontrarse en el alfabeto hebreo, las letras que conforman la Torá escrita y la lengua hebrea.

Los nombres que se le otorgan al Señor son extraños, crípticos y a veces incluso confusos. La concepción mística de la Torá es esencial para el entendimiento de los sistemas de energía metafísica infinita que se están considerando. Concebido como un vasto complejo de fases de transferencia de energía, la Torá no es nada más que un gran *Shemó* (Nombre Sagrado) del Señor.

Como ya se ha discutido previamente, la palabra hebrea *Shemó* está formada por las siguientes letras hebreas: *Shin*, *Mem* y *Vav*; además, *Shemó* (Nombre) tiene el mismo valor numérico (346) que la palabra hebrea *ratzón* (Deseo o Vasija). La energía oculta de Dios —la Luz de *Ein Sof* (Mundo Sin Fin) — se manifiesta al kabbalista a través de una infinita variedad de gradaciones, cada una de ellas de acuerdo a su Nombre propio peculiar y particular. Este sistema implica una estructura e infraestructura muy complejas, en las que cada palabra de la Torá corresponde a una forma particular de Vasija o *Sefirá*.

Esta idea de que cada palabra de la Torá corresponde

a una forma particular de Vasija o *Sefirá* está expresada en el *Zóhar*: "Dijo Rav Elazar: 'Cuando el Señor deseó proteger la nación de Israel, Él estableció Su Nombre Sagrado Arriba, que es la Torá. Y la Torá entera es un solo Nombre Sagrado, y la persona ocupada en la Torá emplea Su Nombre Sagrado'".

En este contexto, es bueno recordar que el objetivo esencial y fundamental de las letras hebreas y las palabras de la Torá es abrir la puerta a la transformación y a la transferencia de la Luz Divina, permitiéndonos entrar en un estado alterado y puro de conciencia. A través de la tecnología de la meditación kabbalística y la disciplina de las letras hebreas, se alcanza un nuevo estado de conciencia cósmica que produce dentro del individuo un movimiento armonioso de pensamiento puro: el *devekut* (adherencia y apego) a la conexión cósmica con el espacio exterior conocida como *Zeir Anpín*.

QUINTA PARTE

OBLIGACIÓN:
UNA NUEVA DEFINICIÓN

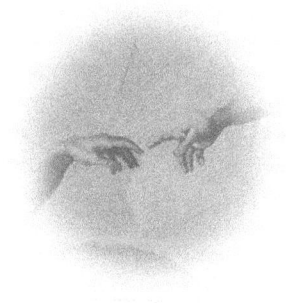

CAPÍTULO VEINTICINCO

RELIGIOSIDAD
VERSUS
ESPIRITUALIDAD

Antes de intentar entender con más detalle el significado de la observancia de *Pésaj*, es necesario establecer claramente las razones subyacentes de dicha observancia.

Ya hemos tratado el aspecto de la obligación que deriva de nuestra identificación con las almas de los Israelitas que vivieron en el tiempo del Éxodo. Sin embargo, hay otra capa de significado contenida dentro de las palabras de la *Hagadá* de *Pésaj* que afirman: "En cada generación, uno está obligado a verse a sí mismo como si él mismo hubiera venido de Egipto". La palabra hebrea *jayav* (obligado) tiene su raíz en la palabra *jiuví*, que significa "positividad". Ha habido muchos intentos de presentar la festividad de *Pésaj* desde una perspectiva espiritual, enfatizando la necesidad de identificarnos en el tiempo presente con la fuerza de la antigua liberación de Egipto de los hijos de Israel. Pero a menos que el significado verdadero de este pasaje en general y de la palabra *jayav* en particular sean entendidos, sólo queda el elemento de compulsión implícito en la palabra "obligado", que, lamentablemente, ha alejado a muchas personas de la observancia de *Pésaj* y de muchos otros preceptos.

En *Los Escritos del Arí: el Árbol de la Vida, Puerta Uno*, aprendemos que en materia de espiritualidad no puede haber coacción. Puesto que el Todopoderoso, bendito sea Él, creó todo lo que hay Arriba y Abajo en Su Sabiduría, Él es el único que puede ejercer la coacción. Si Él deseara forzarnos a realizar un acto contra nuestra voluntad, Su deseo sería cumplido automáticamente. Puesto que este no es el caso y se nos ha otorgado libertad de elección para controlar nuestras propias vidas, no puede haber obligación en el sentido usual de la palabra.

El elemento de compulsión implícito en la palabra "obligación" es totalmente innecesario, pues el sentido y el significado verdaderos de esta palabra, entendidos correctamente, nos revelan un propósito tras los preceptos de *Pésaj* que hace que la compulsión se vuelva superflua. Efectivamente, una vez que entendemos el significado verdadero de *jayav*, efectuaremos los preceptos por decisión propia y con un corazón contento y agradecido.

La obligación implica una obediencia incuestionable, una implicación que no forma parte del sentido real de la palabra. Sin embargo, la alternativa ofrecida —positividad— no parece tampoco encajar a primera vista en el sentido del pasaje. Sólo cuando recordamos nuestra esencia intrínseca, que es el *Deseo de recibir*, la conexión entre obligación y positividad empieza a volverse aparente.

Pésaj es ese momento del año en que cada uno de nosotros conecta una vez más con el flujo de energía positiva que bajó a la Tierra en el momento de la primera Pascua. Podemos, por lo tanto, parafrasear el pasaje de la *Hagadá* mencionado anteriormente tal como sigue:

"En cada generación, tenemos la oportunidad de recibir la misma energía positiva que los Israelitas recibieron en Egipto, y que les permitió vencer a las fuerzas del mal que les mantenían en una esclavitud física y espiritual. También es una oportunidad para hacer que esta energía positiva se convierta en una parte de nuestra estructura metafísica, de forma que la energía dañina negativa del *Deseo de recibir* pueda ser eliminada".

Los preceptos y el texto de la *Hagadá* no existen meramente para recordarnos lo que nuestros predecesores sufrieron en el tiempo del éxodo de Egipto, ni tampoco para permitirnos recrear la atmósfera y las condiciones de este éxodo como si fuera algún tipo de drama histórico. Existen para ponernos en el mismo marco metafísico que se creó para los hijos de Israel, de forma que nosotros también podamos sintonizarnos con la energía particular de liberación de la negatividad que este marco les permitió recibir.

Desde esta perspectiva, podemos encontrar un nuevo significado en estas palabras de la *Hagadá*: "Debido a lo que el Creador hizo por mí: Debido a esto, ¡sólo puede decirse cuando *matzá* y *maror* se hallan ante ti!".

Los preceptos de *matzá* (pan ácimo) y *maror* (hierbas amargas) son las auténticas Vasijas físicas o cables necesarios para conectar con las energías específicas de la noche de *Pésaj*, de forma que, como individuos, podamos participar de esas energías. También es posible, teniendo en cuenta nuestro conocimiento de la "obligación" adherida a la celebración de *Pésaj*, lograr una comprensión más profunda del verso en *Éxodo 10:2*: "Y para que cuentes a tus hijos y a tus nietos las cosas que yo hice en Egipto, y Mis señales que realicé entre ellos; y para que sepáis que yo soy el Creador".

¿Por qué, puede uno preguntarse, es importante enfatizar "Yo soy el Creador" en este punto? ¿Qué hay en nuestra observancia de los preceptos de *Pésaj* que nos lleva irrevocablemente a este entendimiento de "Yo soy el Creador"? ¿No es suficiente que nosotros conozcamos y discutamos los milagros de *Pésaj* sin transmitir esa información específicamente a nuestros hijos y nietos?

Las respuestas a estas preguntas yacen en el entendimiento de las leyes y los principios del universo metafísico del cual parten las fuerzas que gobiernan nuestro mundo físico. Este entendimiento sólo puede llevarnos a la conclusión natural e irrevocable de que hay un Creador de Quien fluye originalmente toda la beneficencia y la energía positiva.

Con esta conciencia, una vez más nos alejamos del concepto comúnmente entendido de la "obligación" como obediencia ciega. La Biblia nos está diciendo que a menos que recibamos —lo cual significa que a través de nuestras propias acciones debemos atraer conscientemente la energía que queremos— no podemos ser conscientes de un donante o fuente de las energías que se están transmitiendo. Sin embargo, una vez que nos sintonizamos con la energía de *Pésaj* a través de los preceptos y rituales (los cables) de la *Hagadá*, el papel del Creador se vuelve inmediatamente claro.

En lo referente al motivo de la transmisión de esta información relativa a nuestros actos a futuras generaciones, si ciertamente recibimos la energía y el sustento que se ofrece en esta noche especial, nuestra inclinación natural será transmitir el conocimiento a aquellos que más amamos para que ellos también puedan atraer esta energía positiva en este momento particular de cada año.

Una vez más, el aspecto de "obligación" se desvanece cuando nos damos cuenta de que toda la estructura de *Pésaj* es para *nuestro* propio beneficio. Puesto que nosotros obtenemos algo de *Pésaj*, debemos ocuparnos de proporcionar a cada generación el conocimiento suficiente relativo a las leyes y los principios del mundo metafísico y su relación con las fuerzas de energía que se manifiestan para nuestro —y su— beneficio en la noche de Pascua.

Este punto se aclara aún más en *Éxodo 6:6-7*, donde dice: "Por tanto, dile a los hijos de Israel: 'Yo soy el Señor, *y los sacaré* de debajo de las cargas de los Egipcios. *Los libraré de su esclavitud, y los redimiré con brazo extendido* y con grandes juicios. *Los tomaré a ustedes por pueblo Mío*, y

Yo seré su Dios, y sabrán que Yo soy el Señor su Dios, que los sacó de debajo de las cargas de los Egipcios".

Las enseñanzas de la Kabbalah siempre enfatizan que *el criterio para la revelación de la verdad de las palabras de la Torá es su aplicación al mundo que nos rodea*. Si la Torá fue entregada a los Israelitas entonces para nuestro propio beneficio *ahora*, para guiarnos en nuestras vidas en este nivel físico mundano, entonces debemos ser capaces de ver los resultados de las enseñanzas de la Torá a nuestro alrededor. El Creador de la Torá no es el Dios distante, imposible de conocer e implícito en la interpretación limitante y restrictiva de la palabra "obligación", como puede verse en *Éxodo 6:6-7*, donde se les promete a los hijos de Israel que se les liberará de su desgracia en manos de los Egipcios y, que a través de esta liberación, reconocerán la obra de la mano del Creador.

CAPÍTULO VEINTISÉIS

LA CONEXIÓN VERDADERA

La historia de 4.000 años de los Israelitas no es la historia de una aventura aislada, sino una en la que pocos acontecimientos importantes ocurrieron en el mundo en los cuales ellos no jugaran un papel vital. Antes del descubrimiento del mundo Occidental, los Israelitas vivían en naciones de las que hoy no queda nada excepto un vago recuerdo. Sufrieron tragedias y encuentros con la casi extinción total generación tras generación, enfrentándose con dificultades abrumadoras y barreras asombrosas. Dos mil años de persecución continua con una cadena incesante de persecuciones y, finalmente, el Holocausto, proporcionan un ejemplo viviente de un pueblo que recibió un sistema completo de energía metafísica, sólo para estar destinados a que la tragedia cayera sobre ellos una y otra vez.

¿Cómo podemos nosotros, que hemos intentado entender el significado más profundo de nuestra existencia y que nos hemos dado cuenta de que siempre hay y hubo una interpretación espiritual de la Torá, entender y aceptar esta dolorosa historia? ¿Por qué han sido toda esta desgracia y persecución el fruto de nuestro trabajo? ¿Por qué la Energía Pura y Divina no ha impedido aquello que nos ha ocurrido? Lamentablemente, si las actitudes actuales hacia la sabiduría de la Kabbalah son un indicativo, las enseñanzas de la Kabbalah como instrumento viable para alcanzar el objetivo último de la humanidad —nada menos que la paz y la armonía universales—, han sido recibidas a lo largo de la historia con una contundente falta de interés (o en el caso de algunos elementos radicales religiosos, con rechazo absoluto). El *Zóhar* afirma claramente que la sabiduría de la Kabbalah es la única tecnología y el único sistema mediante el cual Israel y las naciones del mundo pueden siquiera pensar en acercarse a la Redención Mesiánica: "Y debido a que los Israelitas comerán, en el futuro, del Árbol de la Vida, cuya experiencia viene a través del estudio del *Zóhar*, entonces y sólo entonces Israel y el mundo serán redimidos de su exilio con misericordia, afirma nuestro maestro Moisés, el *Raya Mehemna*". Además, el *Zóhar* declara que "*Raya Mehemna*, nuestro maestro Moisés, les redimirá de su exilio con misericordia".

En otro pasaje, el *Zóhar* afirma que "cuando Israel canta, los ángeles celestiales se unen a ellos y se paran en la ventana del Cielo como mediadores para los rezos de Israel, que se elevan desde Abajo, y ángeles y más ángeles elevan estos rezos al Reino de Arriba".

¿Qué ha sido, entonces, de todos los rezos que los

Israelitas han enviado a lo largo de los siglos al Reino Celestial? ¿Cómo pudieron los corazones rotos de innumerables fieles no penetrar el Reino de la Misericordia, y así aliviar el enorme sufrimiento registrado a lo largo de la historia?

En el *Zóhar*, Rav Shimón revela con una claridad asombrosa el punto de vista kabbalístico con respecto a la energía del rezo:

> *"Puesto que aprendemos aquí", escribió él, "que cuando uno desea activar cosas de Arriba, ya sea a través de la acción o el rezo, si la acción o el rezo no se realizan correctamente, no se activa nada a pesar de su acción o rezo. Todo el pueblo de Israel asiste a los templos para activar cosas de Arriba, pero son muy pocos los que saben cómo activar, y el Santísimo, bendito sea Él, está cerca sólo de aquellos que saben cómo llamarle y activar las cosas correctamente. Sin embargo, para aquellos que no saben cómo likro (llamarle), Él no está disponible. Pues está escrito: 'El Señor está cerca de aquellos que le llaman, aquellos que le llaman desde la verdad'".*

¿Qué significa "aquellos que le llaman desde la verdad"? ¿Hay alguien que rezaría engañosamente? El mensaje del *Zóhar* que responde con "Él está cerca de aquellos que saben cómo conectarse adecuadamente con las cosas verdaderas" proporciona un sorprendente, aunque triste, comentario concerniente al contacto cercano a través del rezo con la energía Divina y Pura de

Dios. El alivio del doble trauma del exilio más el retraso en la llegada del Mesías depende en gran parte de las acciones espirituales individuales, la más importante de las cuales es el rezo. Pero los rezos deben ejecutarse correctamente. Nuestra tarea en satisfacer los preceptos y llevar a cabo acciones meritorias consiste en una *kavaná* adecuada y la restauración del *dekevut*: la adherencia y conexión con el espacio exterior de *Zeir Anpín*. El conocimiento sobre cómo expresar y ocasionar esta unidad que todo lo abarca es esencial para conectarnos a Dios con nuestros rezos. El fiel que reza con un espíritu de meditación kabbalística logra una conexión con el reino espiritual que luego se convierte en el más poderoso de los factores cuando es usado correctamente por esos individuos. El rezo es el proceso cósmico a través del cual uno descubre cómo ejercer un tremendo poder sobre los mundos internos.

Aquí puede muy bien hallarse la explicación al fracaso del hombre en cambiar el curso de la historia. Más específicamente, el sufrimiento y las dificultades de la humanidad en general y de los Israelitas en particular pudieron haberse evitado alterando la energía negativa canalizada a través del cosmos. El rechazo o, al menos, la oposición a la meditación kabbalística, que hace uso de los Nombres de Dios, puede ser precisamente la razón de la historia del sufrimiento de la humanidad.

Cada año, en *Pésaj*, se nos da la oportunidad de atraer y reunirnos con el flujo de energía cósmica que se hizo disponible en el tiempo del Éxodo. Sin embargo, es triste decir que a menudo hemos ignorado o rechazado esta oportunidad a lo largo de la historia. Sin embargo, el *Zóhar* dice que en el tiempo del Mesías, la humanidad volverá a hacer uso total de la energía cósmica a través del empleo de los Nombres de Dios.

La historia de Israel, quizá más que cualquier otra nación, ha marcado el conflicto entre dos factores: el aspecto espiritual por una parte y la realidad física de la vida por otra. No obstante, desde un punto de vista contemporáneo, pocos pueden dudar de la necesidad actual de una infusión del reino espiritual al reino físico experimental. Rav Avraham Azulai, en su libro *Or Jajam* cita este periodo en el que ahora vivimos como la Era de Acuario.

Las enseñazas espirituales del *Zóhar*, tomadas en conjunto, pueden probar ser la clave, en este momento de la historia, para la llegada del Mesías, así como un final a la etapa brutal de la historia.

Tal como dijo Rav Yosi en el *Zóhar*: "Todavía tenemos mucho tiempo en el exilio antes de que llegue el día, pero todo depende de si las personas se arrepentirán de sus pecados, tal como está escrito: 'Yo, el Señor, a su tiempo lo apresuraré'. (Isaías 60:20) Si ellos son merecedores, lo apresuraré, y si no, entonces a su tiempo".

El *Zóhar* continúa:

Rav Yosi entró en una caverna y al fondo encontró un libro escondido en la grieta de una roca. Lo sacó y observó el trazado de setenta y dos letras que le habían sido entregadas a Adán. Él (Adán) conocía toda la sabiduría de los seres Sagrado Divinos y de todos aquellos seres que habitan tras el molino (klipot), que se manifiesta detrás del velo que protege a las Esencias Divinas. Él sabía todo lo que está destinado a suceder en el mundo. Rav Yosi llamó a Rav Judá y los dos empezaron a examinar el libro. Tan pronto como observaron tan solo dos o tres de las letras se encontraron contemplando la Sabiduría Divina. Pero cuando empezaron a profundizar mas en el libro, una fuerte llama tocó sus manos y el libro se desvaneció de ellas. Cuando luego vino Rav Shimón, le dijeron lo que había ocurrido. Él les dijo: "Quizás estaban inspeccionando aquellas letras que tratan sobre la llegada del Mesías?". Ellos respondieron: "No podemos responder, pues lo hemos olvidado todo". Rav Shimón continuó: "El Santísimo, bendito sea Él, no desea que tanto sea revelado al mundo, pero cuando los días del Mesías estén cerca, incluso los niños descubrirán los secretos de sabiduría y por tanto serán capaces de calcular el milenio. En esos tiempos se revelará a todo el mundo, tal como está escrito: "Porque entonces le daré al pueblo un lenguaje puro". (Zephaniah 3:9)

Por lo tanto, el nuevo espíritu espiritual encontrará su expresión en el ideal de la Kabbalah y abrirá nuevas esferas de experiencia religiosa durante la era Mesiánica, lo cual manifestará finalmente la promesa de la unidad que todo lo abarca a la cual aspiramos tan anheladamente.

Es esta misma promesa la que se nos brinda cada *Pésaj*: que podemos recibir una infusión de energía positiva para ayudarnos a vencer la energía negativa que hemos acumulado en el pasado y que de otra forma continuaría acumulándose a lo largo del siguiente año. Esta energía no depende de ninguna labor ni mérito por nuestra parte puesto que nosotros también somos como los Israelitas en Egipto, que eran esclavos de su propio *Deseo de recibir* y de ninguna forma merecían su redención. Esta infusión de energía positiva es el derecho de nacimiento de cualquier persona que siente la necesidad de atraer esta energía hacia ella misma, suponiendo que esté dispuesta a conectarse a los diversos cables necesarios para crear la conexión.

El alcance de la dominación de Egipto sobre los Israelitas —un equivalente en el nivel físico de la dominación de la energía negativa del *Deseo de recibir*— se muestra claramente en *Éxodo 17:3*: "Y toda la congregación de los hijos de Israel murmuró contra Moisés y Aarón en el desierto".

Esta ingratitud aparentemente inexplicable ocurrió *después* que tuviera lugar el milagro del Éxodo, seguido por los posteriores milagros de la división del Mar Rojo y la provisión de codornices y *maná* del cielo. Sin embargo, leemos en Éxodo 16:3: "Y les decían los hijos de Israel: 'Ojalá hubiéramos muerto por mano del Señor en la tierra de Egipto, cuando nos sentábamos a las ollas de carne, cuando comíamos pan hasta saciarnos; pues nos habéis sacado a este desierto para matar de hambre a toda esta multitud".

Incluso después de los indicios del poder superior del sistema de energía positiva que habían presenciado, junto con el recuerdo de la miseria que habían sufrido en manos de sus opresores, los hijos de Israel fueron incapaces de apreciar la importancia del sistema de energía metafísica que se les había mostrado. Cuando decimos que habían descendido hasta la 49^{ava} o penúltima Puerta de Impureza, esto indica que las profundidades del *Deseo de recibir sólo para uno mismo* a las que habían descendido eran tan grandes que todavía eran incapaces de liberarse y escapar del sistema de poder negativo que había gobernado sus vidas en Egipto. Debe añadirse que todavía anhelaban "pan" —el símbolo del *Deseo de recibir*—, igual que un drogadicto anhela su dosis. De esto aprendemos que el proceso de corrección espiritual de las almas de Adán no estaba todavía completado; y aun hoy sigue estando incompleto. Los Israelitas que tanto deseaban probar el pan de los egipcios estaban expresando un deseo de sintonizarse una vez más con el sistema de energía negativa, de la misma forma que aquellos que rechazan la Biblia, la guía del sistema de energía positiva, lo hacen en la actualidad. De esta forma, la humanidad revela su esclavitud continua al *Deseo de recibir*.

Tan importante es el Éxodo de Egipto que se menciona en la Biblia no menos de 50 veces, lo cual es un recordatorio constante del dominio de los egipcios de la 50^{ava} Puerta de Impureza. Es más, esta repetición nos fuerza a recordar que el control metafísico de Egipto sobre las cuerdas del universo fue roto por las acciones de los Israelitas en el momento del Éxodo, acciones que demostraron que estaban preparados para funcionar a partir de ese momento según el sistema de energía unificada de las Tres Columnas: la energía de la Columna Derecha, Izquierda y Central.

El *Zóhar* confirma la importancia del Éxodo, apuntando: "La importancia del Éxodo es ciertamente muy grande. Por esta razón el Santísimo, bendito sea Él, recuerda frecuentemente a Israel su liberación, como cuando Él dice: '...que te saqué de la tierra de Egipto'. (Éxodo 20:2)

Consideremos ahora el *nes gadol meod*, tal como el Arí, en su libro *Los escritos del Arí: La Puerta de la Meditación*, denomina el gran milagro que el Creador, en Su misericordia, ocasionó para redimirnos de los poderes de la oscuridad que nos habían envuelto.

Para eliminar la oscuridad, no se debe tanto destruir la oscuridad como crear Luz. Es importante entender esta distinción, pues si identificamos la oscuridad con el *Deseo de recibir*, estaríamos obligados a concluir que el Deseo, que es la base de nuestra existencia en esta Tierra, no puede ser nunca destruido.

Igual que la Luna, nosotros tampoco tenemos Luz propia. Igual que la Luna nueva, cuando la luz del Sol cae más allá del horizonte visible de la Luna, envolviendo la mayor parte de nuestro planeta en la oscuridad, en el momento del Éxodo no teníamos ni el poder ni los medios (cables) para atraer o revelar la Luz del Creador de Arriba. Se nos negaron los medios para atraer esta Luz por los *mesajim* (velos) de nuestro abrumador *Deseo de recibir*.

Para romper los velos y perforar las *klipot* (cáscaras) que rodean y ocultan la energía de Luz directa, Dios, en Su beneficencia, desató las plagas sobre los egipcios. Las plagas representaban en realidad inyecciones de energía positiva en un sistema negativo, lo cual provocó una "explosión" o reacción violenta. De esta forma, Dios ocasionó el *nes gadol meod* de *Pésaj*. La palabra nes significa "milagro", en el sentido de "saltar más allá" del orden establecido del universo para vincular la energía del apareamiento de las *Sefirot* Superiores con nuestro reino físico. Por un breve momento, Dios inundó la Tierra con la energía pura y positiva de la Luz de Redención, creando en ese instante, dentro de los 600,000 Israelitas, un *Deseo de impartir* que era equivalente a su enorme *Deseo de recibir*. Este acto de creación, que tuvo lugar en la medianoche del 14º día de *Nisán* cuando la Luna, actuando como transmisor de la Luz, estaba en su fase más poderosa, generó una esencia totalmente nueva dentro de cada Israelita. Fue esta nueva estructura —este equilibrio dinámico entre la energía de las Columnas Derecha e Izquierda— lo que nos permitió aceptar la Unción de Dios en el monte Sinaí, y lo que, a su vez, ocasionará el regreso de la humanidad al bendito *Ein Sof* a través del agente condicionante de la Torá.

Me gustaría concluir este capítulo con un fragmento del *Zóhar* que conecta y une muchos de los puntos que hemos considerado hasta ahora:

> *Por lo tanto está escrito: "Esta es una noche de protección para el Señor". (Éxodo 12:42) Rav Ajá dijo: "Este es el momento de la corrección espiritual debido al apareamiento, y pobres de aquellos que no estén conectados con esta energía. ¿Por qué tenemos que preocuparnos por estos asuntos? Por que se dice que esta noche es shimurim [plural], y no meramente shamor (de protección). Esto significa que la protección que se proporciona en esta noche no es en un solo aspecto, sino en todos los aspectos, debido al apareamiento de las dos fuentes de energía que recibimos de la Tierra: Maljut (la Luna) y Zeir Anpín (el Sol). Esta protección, además, es para siempre para todos los Israelitas, lo cual significa que aunque el apareamiento de la Luna y el Sol estaba presente antes del tiempo del Éxodo, permaneció en un estado potencial hasta ese momento. Ambos se habían unido, pero permanecieron inactivos hasta el momento del Éxodo, cuando los Israelitas atrajeron la energía del apareamiento de forma que quedó fija en el cosmos para siempre después. Para conectar con el Nombre Sagrado y para salir del domino del "otro lugar" en el 14° día del mes, nos purificamos a nosotros mismos. Limpiamos todos los jametz que están a nuestro alrededor y entramos en el dominio*

de la Santidad. Entonces se produce un apareamiento entre Zeir Anpín y Maljut (el Novio y la Novia), que es coronado por Biná (la Madre Celestial)".

CAPÍTULO VEINTISIETE

LIMPIEZA Y PURIFICACIÓN FÍSICA Y METAFÍSICA

En la noche antes de *Pésaj*, debe limpiarse la casa a conciencia de todas aquellas sustancias que contengan *jametz* (levadura), y debe leerse la bendición adecuada. Mientras estamos limpiando, debemos meditar en la importancia metafísica de nuestras acciones físicas, en un intento de "limpiar" todos los restos del *Deseo de recibir sólo para uno mismo* egoísta que siguen existiendo en nuestros pensamientos. De forma similar, cuando llevamos a cabo la búsqueda simbólica con una vela de cualquier resto de *jametz*, y luego leemos la bendición que anula cualquier trozo que no hayamos detectado, debemos concentrarnos no sólo en la propia actividad, sino en la purificación espiritual y metafísica de la energía negativa que esta actividad representa.

La búsqueda final de *jametz* tiene lugar en la noche del 13º día de *Nisán*, antes de la noche de *Pésaj* (14º día de *Nisán*), y es la costumbre esconder diez pedazos de pan (levadura) por toda la casa. El propósito aparente de este ejercicio es asegurarnos de que la búsqueda de *jametz* se lleva a cabo de una forma rigurosa. Otra razón por la que se esconde el pan por toda la casa es simplemente que no se debe recitar ninguna bendición en vano. Si la casa se ha limpiado tan a conciencia que no queda ni una sola miga de levadura en ella, la bendición de anulación que se recita después de la búsqueda se haría en vano. Puesto que la bendición representa una parte del proceso de preparación en el nivel metafísico, así como en el nivel físico, debe haber algún objeto físico al cual pueda adherirse el cable que creamos a través de nuestro rezo.

Pero ninguna de estas razones explica por qué escondemos diez —ni más, ni menos— pedazos de pan. Que se requieran precisamente diez pedazos de pan indica la presencia de un significado más profundo. Escondemos diez pedazos porque éstos representan las *Diez Sefirot* del Sistema Impuro, que tiene la misma estructura que el Sistema Limpio. Durante el periodo de preparación, antes de que la energía total de *Pésaj* entre en efecto con la aparición de la Luna llena, debemos tener clara en todo momento la naturaleza exacta de nuestra tarea. Nuestra tarea no consiste meramente en eliminar una cierta enfermedad vagamente definida, sino en destruir totalmente un sistema construido con precisión —el sistema de energía negativo del *Deseo de recibir sólo para uno mismo*— y reemplazarlo por la estructura igualmente bien definida de la Columna Derecha: la energía positiva del *Deseo de impartir*. Por lo tanto, cuando la búsqueda se lleva a cabo, debemos tener en mente que cada pieza de *jametz* que encontramos representa otro aspecto de esta energía negativa que estamos limpiando de nuestros hogares.

No todas las reglas y regulaciones de la *Halajá* son tan rigurosas como esta prohibición del *jametz* durante *Pésaj*. En otras áreas, encontramos unos estándares menos exigentes. Si, por ejemplo, hervimos tres huevos juntos y posteriormente descubrimos que uno de ellos es *treif* (prohibido) porque contiene una mancha de sangre, los otros dos siguen siendo aptos para comerse. (*Yoré Deá, Taaruvot*) Sin embargo, esta indulgencia no es extensible a la eliminación de *jametz* antes de *Pésaj*: "Siete días comeréis panes sin levadura; y así el primer día haréis que no haya levadura en vuestras casas: porque cualquiera que comiere leudado desde el primer día hasta el séptimo, aquella alma será cortada de Israel", (*Éxodo 12:15*) y "Por siete días no se hallará levadura en vuestras casas, porque cualquiera que comiere leudado, así extranjero como natural del país, aquella alma será cortada de la congregación de Israel". (*Éxodo 12:19*)

En el caso del *jametz*, no hay "anulación por mayoría" como en el ejemplo de los huevos. En *Orej Jaim, Pésaj 447a*, leemos: "Aun el pedazo más pequeño de *jametz* entre en contacto con comida que ha sido certificada como *kosher lePésaj*, esa pequeña impureza hará que el resto sea inutilizable".

Para entender esta severidad, debemos recordar que el pan, en la forma de *jametz*, personifica tanto el *Deseo de recibir* como el control físico que los egipcios tenían sobre los hijos de Israel. La influencia del dominio egipcio de la fuerza del mal hizo que los Israelitas no pudieran vencer por sí mismos la energía negativa que les mantenía en la esclavitud. Fue sólo la infusión concentrada e intensa de Luz, o fuerza metafísica positiva que emanaba de Arriba, lo que les permitió superar el poder de sus amos opresores.

La diferencia entre la estructura metafísica de los Israelitas y los egipcios antes de *Pésaj* era leve. Los egipcios habían atravesado la 50ava puerta final del Sistema Impuro y estaban irremediablemente vinculados al sistema de energía negativo. Los Israelitas habían alcanzado sólo la 49ava Puerta, pudiendo así mantener una pequeña pero vital distinción en sus vidas que les separaba de sus opresores. Una indicación de lo pequeña que era esta distinción puede verse en la diferencia entre las palabras *jametz* y *matzá*. *Jametz* se deletrea con una *Jet* y *matzá* con una *Hei*. Aparte de esto, ambas palabras contienen las mismas letras: *Mem* y *Tzadi*, lo cual indica que sus estructuras metafísicas son muy similares.

Sabiendo que la levadura representa el *Deseo de recibir* en su forma negativa —el deseo egoísta que excluye el acto de compartir y bloquea la energía de la Columna Derecha—, podemos apreciar el hecho de que aun la más leve indicación por parte de los Israelitas de que estaban funcionando todavía bajo el poder de la Columna Izquierda, habría obstruido la energía radical de la Columna Derecha, que podía pasar a través del medio, o cable, de la *matzá* sólo si el más diminuto aspecto del *Deseo de recibir* se había excluido cuidadosamente de ella.

Esta atención escrupulosa a la limpieza y la anulación del *jametz* puede compararse con nivel elevado de limpieza que se requiere en la cirugía moderna, donde el paciente puede balancearse tan delicadamente entre la vida y la muerte que un simple germen infeccioso pueda ser suficiente para inclinar la balanza entre el éxito y el fracaso. Incluso en el área de la cirugía, la necesidad de tales precauciones no fue reconocida de forma generalizada por siglos, y los primeros intentos de proporcionar unas condiciones estériles en los hospitales fueron desdeñados incluso por la profesión médica. Los gérmenes que causaban la infección eran invisibles a simple vista, por lo que se asumía que no existían.

Sin embargo, aun en el caso de la cirugía y la práctica médica, seguimos preocupados tan sólo por el aspecto físico de la salud. Cuando tratamos con conceptos y acciones del ámbito metafísico —del cual emana el mundo físico— el nivel de requerimiento y exigencia sigue siendo elevado. Lamentablemente, estamos acostumbrados a esperar que algo vaya mal en nuestro cuerpo antes de considerar cualquier tipo de acción o remedio. La profesión médica, que está inundada de trabajo, nos recomienda que nos cuidemos más: que comamos una dieta equilibrada, que hagamos ejercicio de forma regular, que seamos moderados con el alcohol, que evitemos fumar. Sin embargo, la Biblia nos dice que todas las aflicciones físicas parten de causas no físicas y tienen su raíz en el ámbito metafísico. La implicación está clara para aquellos que están preparados para aprenderla. Nuestra prioridad principal debe ser lograr un equilibrio de energías metafísicas siguiendo los preceptos de la Biblia. La salud física seguirá entonces como resultado automático. En la noche de *Pésaj*, tenemos la misma oportunidad de conectarnos con la Luz de curación intensa que los Israelitas experimentaron en Egipto. Por lo tanto, podemos concluir que las precauciones que debemos tomar antes de *Pésaj* deben ser tan rigurosas como aquellas tomadas por nuestros ancestros.

Es interesante señalar que la oración mediante la cual anulamos cualquier *jametz* que se pueda haber escapado a nuestra búsqueda está escrita en arameo —el lenguaje del *Zóhar*— y no en hebreo, lengua en la que están escritos la mayoría de los rezos que utilizamos. Puesto que uno de los objetivos de las enseñanzas de la Kabbalah es buscar la raíz de todos los asuntos para permitirnos proporcionar una respuesta a todas las posibles preguntas y así reafirmar constantemente el orden y la estructura del mundo creado, exploremos entonces esta diferencia en las lenguas para entender por qué se utilizó el arameo en este caso concreto.

Leemos en el *Zóhar*: "Y si tú preguntas por qué Onkeles tradujo la Torá a esta lengua (Arameo) y Rabí Yonatán ben Uziel tradujo los Profetas (al arameo), la respuesta es que era necesario para evitar que los Ángeles Celestiales envidiaran a Israel".

Encontramos una respuesta similar en otra parte del *Zóhar*: "¿Por qué se ha escrito esto en arameo? La verdadera razón se halla en el hecho de que los ángeles, al no entender el arameo, no sentirían celos o envidia del hombre y le harían daño".

En numerosos pasajes del *Zóhar* se introducen nuevas revelaciones sobre los misterios del universo mediante comentarios relativos a la ignorancia de este conocimiento por parte de los Ángeles Celestiales. Estos seres celestiales funcionan como mensajeros, o cables, a través de los cuales fluyen ciertas formas de energía metafísica de los Mundos Superiores e Inferiores. Los ángeles no están vinculados a una existencia física, y no tienen un propósito como lo tiene el hombre. La tarea del ángel consiste solamente en transferir energía de Arriba a Abajo, mientras que al hombre se le ha otorgado la tarea de corregir y transformar espiritualmente el *Deseo de recibir sólo para uno mismo* en un armonioso *Deseo de recibir con el propósito de impartir* a otros, lo cual ocasiona la eliminación del *Pan de la Vergüenza* e inicia el camino de regreso al bendito *Ein Sof*, que es la expresión de la unidad de la cual emanan todas las cosas a través de las estructuras de energía almacenada de las *Sefirot*.

Cuando indagamos sobre los secretos del mundo metafísico mediante obras como el *Zóhar*, estamos entrando en el dominio de los ángeles. Con nuestro conocimiento del ámbito metafísico, junto con nuestro único propósito en el orden del universo, nos volvemos, por así decirlo, más elevados que los ángeles, y debido a ello somos capaces de despertar sus celos.

El rezo o meditación a través del cual se anulan los

restos de partículas de *jametz* es un ejemplo del control de la humanidad sobre el mundo metafísico. Antes de que la energía de *Pésaj* entre en vigor, debemos entender que el mero poder de nuestra mente, a través del medio de la oración, puede cambiar la estructura metafísica del *jametz*. La oración, por lo tanto, está escrita en *arameo* —aunque puede leerse en español si de otra forma no puede comprenderse—, no sea que los ángeles, al darse cuenta del poder de la mente sobre la materia, alberguen sentimientos de envidia hacia nosotros.

La energía cósmica disponible en *Pésaj* empieza en la noche del día 13º de *Nisán* con la aparición de las tres estrellas. Tan pronto como la influencia cósmica del 13º día de *Nisán* ha comenzado, se inicia la búsqueda del *jametz* según el procedimiento previamente mencionado. Antes de dar inicio a la búsqueda de los diez trozos de pan por toda la casa, se recita la siguiente bendición:

> *Baruj Atá Adonai Eloheinu Mélej Haolam Asher Kideshanu Bemitsvotav Vetsivanu al Biur Jametz.*
>
> *Bendito seas, nuestro Señor, Rey del universo, Quien nos ha hecho santos con Sus Mandamientos y nos ha ordenado sobre la eliminación del jametz.*

La estructura y el orden peculiares de las bendiciones que se dicen durante *Pésaj* les permiten actuar como un cable para la transferencia de la energía metafísica necesaria para lograr el objetivo que, en este caso, es la eliminación de la influencia y la esencia metafísica del *jametz*. El *Zóhar* dice que las palabras y las letras que conforman las bendiciones de *Pésaj* han sido cuidadosamente seleccionadas como instrumentos para la transferencia de energía para el propósito especial de la bendición. Las palabras que forman el inicio de cada bendición tienen una función particular mediante la cual el Israelita se coloca en posición de manipular y dirigir la transferencia metafísica de energía a voluntad, sabiendo con seguridad que las técnicas meditativas adecuadas garantizarán el logro del objetivo deseado. Por consiguiente, junto con la bendición que se pronuncia, debemos concentrarnos en nuestro *Deseo de recibir para nosotros mismos* interno, dirigiendo nuestra conciencia hacia su eliminación.

Verbalizar la bendición contra el *jametz* crea una colocación de los canales a través de los cuales dirigimos nuestra conciencia pura hacia la energía metafísica negativa de los diez trozos de pan que se han escondido por la casa. Debido a que el *Deseo de recibir con el propósito de impartir* es una fuerza de energía mucho más potente que el *Deseo de recibir sólo para uno mismo*, nosotros, como "arquitectos" de estos canales, recibimos la oportunidad de anular las energías cósmicas negativas, tanto en el mundo cosmológico como en nuestro propio universo microcósmico. Puesto que los diez trozos de pan ocultos son de nuestra posesión, constituyen, en efecto, el estado físicamente manifestado de nuestro propio *Deseo de recibir sólo para uno mismo*. En el mundo de *Maljut*, la transferencia de energía con cualquier propósito debe dirigirse a una manifestación física, pues la energía no puede revelarse a menos que esté cubierta bajo alguna forma de manifestación física.

La búsqueda en sí misma debe hacerse con una vela porque la llama de la vela es, según la sabiduría de la Kabbalah, una personificación del *Deseo de recibir con el propósito de impartir.*

En el transcurso de nuestra "misión de búsqueda y destrucción", la primera pieza de pan descubierta se designa como *Maljut* de entre las *Sefirot* del Sistema Impuro. Entonces debemos recogerla, concentrándonos firmemente en anular la esencia de nuestras *klipot* personales; este procedimiento y proceso meditativo se efectúa posteriormente con los restantes nueve trozos de pan, que representan a las nueve *Sefirot* restantes del Sistema Impuro, hasta llegar al nivel de *Kéter.*

Una vez se ha cumplido la misión, el dueño de la casa pronuncia una bendición destinada a anular y destruir cualquier *jametz* restante que pueda haberse pasado por alto. Todo el pan que se ha recogido en la búsqueda, así como cualquier otra forma de *jametz* que podamos haber descubierto, se guarda cuidadosamente hasta la mañana siguiente del 14º día de Nisán, cuando se quemará hasta ser reducido a cenizas, una acción paralela a la quema del cordero sacrificial que tuvo lugar la noche antes del éxodo de los Israelitas de Egipto.

CAPÍTULO VEINTIOCHO

EL AYUNO DEL VARÓN PRIMOGÉNITO

"El Todopoderoso les perdonó la vida a los primogénitos de los Israelitas cuando sacrificaba a los primogénitos de los egipcios, (Éxodo 12:29-37), y como resultado se desarrolló la tradición para los varones primogénitos Israelitas de ayunar en el día antes de *Pésaj*". (*Orej Jaim*, *Pésaj*)

El ayuno del varón primogénito en el día 14° de Nisán es mucho más que un mero gesto de gratitud por que el Señor perdonara la vida de los primogénitos Israelitas en Egipto. Es una acción física necesaria para aprovechar la asombrosa fuerza de energía metafísica de *Pésaj*.

El poder y la dinámica del primogénito entre los egipcios personificaron la fuerza negativa denominada *Deseo de recibir sólo para uno mismo*. Esta negatividad impregnaba toda la materia, dejando el campo de energía cósmica en un estado de desequilibro y discordia. El nivel más elevado de energía dentro de los varones primogénitos egipcios llevó a su dominación final de nuestro mundo físico. El Faraón mismo, junto con sus consejeros, eran todos primogénitos egipcios (*Éxodo 12:29*), un hecho que les dio el poder de dominar su mundo y de construir las pirámides, utilizando técnicas de ingeniería que todavía desconciertan al científico moderno.

El primogénito Israelita, con un nivel similar de energía, ya había alcanzado la 49^{ava} Puerta de conciencia cósmica negativa. Para el Israelita que no era primogénito, la energía del sistema multidimensional de las Tres Columnas era suficiente para liberarle del campo de energía negativa dominado por los egipcios. Sin embargo, para el primogénito Israelita, este sistema de Tres Columnas no era suficiente para desatar su nivel de conciencia potencialmente más elevado, pues la interacción dinámica entre la energía (Luz) y el receptor (Vasija) requiere el balance adecuado. La Vasija del primogénito siempre se expresa a sí misma en una frecuencia más elevada.

El cuerpo humano está diseñado para la eliminación de la Ley Universal del *Pan de la Vergüenza*. El *Deseo de recibir sólo para uno mismo* irradia la fuerza de energía negativa del cuerpo. Nuestros sabios, buscando una fuerza positiva comparable para contrarrestar el flujo de esta fuerza negativa, encontraron en el ayuno el arma más efectiva en la batalla contra la energía negativa interna que emana del cuerpo.

Cuando nos tomamos el tiempo para comer y beber, ninguna otra persona se beneficia de la comida y la bebida que consumimos; por lo tanto, comer y beber personifican el *Deseo de recibir sólo para uno mismo*. Pero cuando decidimos abstenernos de la comida y la bebida, despertamos la energía de la restricción y la abstención, y por lo tanto neutralizamos efectivamente el campo de energía negativa generado por la fuerza de la Columna Izquierda. La energía resultante de la Columna Central, que suaviza la Columna Izquierda, causa finalmente cambios importantes en el nivel físico. La influencia sutil del cuerpo del hijo primogénito se transforma gradualmente mediante esta disciplina del ayuno, permitiéndonos a todos nutrirnos de muchas más formas de energía positivas y dejando atrás la radiación negativa que emana de nuestros cuerpos.

Desde un punto de vista kabbalístico, en la interacción entre el cuerpo y el espíritu la energía o espíritu está conectada con la fuerza dadora de vida, mientras que el cuerpo es la expresión material de esa energía. Estos dos estados de energía —metafísica y física— influyen por lo tanto sobre el balance en el individuo, tanto mental como físico. Si podemos mantener este balance entre cuerpo y espíritu, podemos evitar la enfermedad, que es el resultado de un bloqueo en nuestro cuerpo de la energía de Luz que fluye libremente.

Mientras que se ha demostrado que en el nivel físico y corpóreo los opuestos se atraen, en realidad, lo contrario es cierto en el Reino Celestial del espíritu del hombre. En el Reino Celestial, las formas similares se atraen entre ellas, y cuando mantenemos la actividad del cuerpo en un nivel elevado, infundiéndolo con la energía de impartir, sólo puede atraer energía de ese tipo y de ese nivel. La enfermedad no es nada más que el resultado de un conflicto entre fuerzas opuestas irradiando en un campo de energía de desunión.

Curarse es más que un asunto físico y médico. También es un asunto espiritual y mental. Para alcanzar la salud del cuerpo y la mente, debemos eliminar el conflicto entre ambos, llevando el campo de energía interno del cuerpo en armonía con el alma. El acto de ayunar es uno de los medios más efectivos para lograr ese fin que nuestros sabios han elegido, y han reconocido su importancia mediante el precepto de ayuno de *Yom Kipur*. (*Levítico 16:29*)

Rav Isaac Luria (el Arí) proporcionó un sistema elaborado y extenso de curación espiritual, en el cual el componente más importante es el ayuno, que transforma el aspecto interior rígido e inflexible de nuestros cuerpos en un campo de energía con el *Propósito de impartir*. El Arí explicó: "Las vibraciones aumentadas de este campo de energía mantienen nuestros centros nerviosos totalmente abiertos, permitiendo que se cree una afinidad más elevada con la Luz, lo cual resulta en un ascenso continuo a niveles más y más elevados de conciencia". (*Los escritos del Arí: La Puerta del Espíritu Santo*).

El ayuno, entonces, era y es la herramienta a través de la cual el primogénito puede expandir su campo de energía positiva y aislar su campo de energía particular de todas las fuerzas negativas exteriores. Pero seamos primogénitos o no, todos podemos utilizar el ayuno para aumentar nuestra energía, colocar nuestros cuerpos en un campo de energía cósmica nuevo y positivo, y reforzar y expandir el campo que ya está contenido dentro de nuestro propio mundo cósmico de existencia.

EPÍLOGO

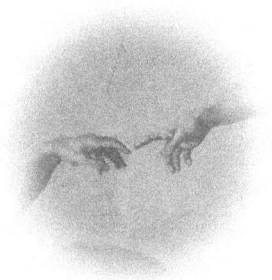

El mundo de la Biblia y de la sabiduría de la Kabbalah es un mundo en el cual un poder personal de una magnitud asombrosa se halla vibrante al alcance de la mano de todos aquellos que están dispuestos a dejar de lado su hambre de gratificación instantánea, las ganancias a corto plazo y todas las demás manifestaciones del egocéntrico *Deseo de recibir sólo para uno mismo*. Sin embargo, como todas las cosas que vale la pena tener, este poder no está libre de cargo. El individuo que siga las enseñanzas kabbalísticas no debe hacerlo como un diletante que busca una aventura intelectual temporal, sino como alguien dispuesto a renunciar al "pan" de los egipcios por un paseo a través de la jungla de este mundo hacia una tierra prometida de conciencia más elevada, conciencia alterada y un encuentro final de plenitud con el Creador. Habrá sacrificios a lo largo del camino, pero una persona que esté dispuesta a hacerlos pronto descubrirá que lo que está eliminando de su vida no es un tesoro, sino basura.

Dios nunca ha dejado de llamar a Sus hijos para que salgan de Egipto. Sólo aquellos que respondan a Su llamado hoy, no sólo en *Pésaj* sino cada día de sus vidas, podrán conocer el significado verdadero de la libertad.

GLOSARIO DE TERMINOLOGÍA KABBALÍSTICA

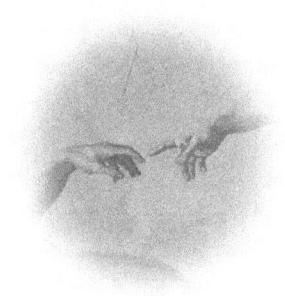

Akedat Yitzjak - El sacrificio de Isaac: la contención de la energía negativa de la Columna Izquierda de la *Sefirá* de *Guevurá* (Isaac), con el fin de ocasionar la armonía con la energía positiva de la Columna Derecha de la *Sefirá* de *Jésed* (Avraham).

Cables - Medios varios para la transferencia de energías metafísicas positivas al hombre (tales como la oración, la meditación, *Shabat*, las festividades,...).

Columna Central - Resistencia que restringe la energía para equilibrar las columnas Derecha e Izquierda (energías positivas y negativas), creando un circuito.

Columna Derecha - Columna que atrae la energía de impartir la fuerza positiva. El *Deseo de impartir*.

Columna Izquierda - La columna (canal) a través del cual se atraen todas las energías metafísicas. (Ver *Deseo de recibir*).

Concepto Circular - Equilibro entre la Columna Izquierda y Derecha (negativa y positiva), ocasionado por el uso de la restricción.

Corrección (Tikún) - La tarea de llevar al universo un estado de perfección.

Creador - La fuente de toda la energía positiva.

Deseo de recibir - Negatividad. El aspecto atraer o tomar. En nuestro universo, todo está hecho de *Deseo de recibir*. En el nivel físico, el *Deseo de recibir sólo para uno mismo*, caracterizado por el egoísmo, el egocentrismo y el materialismo en el hombre, debe ser transformado en un *Deseo de recibir con el propósito de impartir*. Un balance y armonía entre recibir e impartir permite al individuo atraer la Luz positiva del Creador hacia sí mismo.

Deseo de impartir - Positividad. La esencia de dar característica del Creador.

Despertar - Activación del *Deseo de impartir* y recibir en la Vasija

Devekut - Adherencia. Satisfacción en un concepto circular mediante el cual se ocasiona una unión entre la Luz de Dios y el hombre.

Din - Juicio. Energía atraída por la Columna Izquierda sin el uso de las Columnas Derecha y Central, lo cual causa un desequilibrio metafísico y una desarmonía espiritual en el individuo.

Dios - Fuente de todo lo positivo.

Ein Sof - Mundo Sin Fin, el Mundo del Infinito; el primer mundo del cual emergieron todas las emanaciones futuras. El mundo primario en el cual las almas del hombre estaban en perfecta armonía con el Creador. Un equilibrio perfecto entre el impartir infinito del Creador y el recibir infinito de sus creaciones: las almas del hombre.

Gematria - Sistema de numerología utilizado para la interpretación Bíblica y la iluminación mística de los aspectos más ocultos de la Torá.

Gemará - Ver *"Talmud."*

Guemar HaTikún - La Redención Final de Israel; la paz y la armonía definitiva en el mundo. (Ver Corrección)

Gevurá - Poder, Fuerza. Segunda de las *Siete Sefirot* - Columna Izquierda - Carroza de Isaac.

Halajá - Código de la Ley Judía. El sistema mediante el cual el hombre puede sintonizarse con el flujo verdadero de energía espiritual de Dios.

Idra Raba - La Gran Asamblea. La reunión de Rav Shimón bar Yojái, su hijo, Rav Elazar y ocho discípulos. El primer ejemplo en la historia de un grupo de personas que aprenden Kabbalah. De este grupo salió el *Sefer HaZóhar* (el *Zóhar*).

Idra Zuta - La Asamblea Menor - Día de la muerte de Rav Shimón bar Yojái.

Jasídico - Movimiento basado en principios kabbalísticos y fundado por el Baal Shem Tov. La clave para toda la vida y el culto a Dios es a través de la alegría y la felicidad.

Jayá - Cuarto nivel del alma del hombre.

Jésed - Misericordia - Primera de las *Siete Sefirot* - Columna Derecha - Carroza de Avraham.

Jod - Esplendor - Quinta de las *Siete Sefirot* - Columna Izquierda - Carroza de Aarón.

Kashrut - Leyes alimenticias para mantener a la humanidad en armonía metafísica y espiritual.

Klipot - Cáscaras, capas malignas creadas por las acciones negativas de la humanidad que "cubren" y le limitan en su desarrollo espiritual. Las barreras entre el hombre y la Luz de Dios.

Lag BaÓmer - Aniversario de muerte de Rav Shimón bar Yojái. 33º día del Conteo del Ómer. Este día coincide con la finalización de la plaga que mató a 24,000 discípulos de Rav Akivá. *Jod* de *Jod* de las 49 *Sefirot* entre *Pésaj* y *Shavuot*. (Ver *Sefirat HaÓmer*)

Malaj - Ángel Celestial o fuerza de energía carente de cualquier manifestación física del *Deseo de recibir*.

Maljut - Reino - Décima *Sefirá* y final desde *Kéter*. La *Sefirá* en la cual se manifiesta el mayor *Deseo de recibir* y en la que tiene lugar toda la corrección. El mundo físico.

Merkavá - Carroza – por ejemplo: Avraham, Isaac, Jacobo, etc. con la capacidad espiritual de combinar las fuerzas metafísicas con las entidades físicas mundanas.

Mesías/La Era del Mesías - El fin del periodo de corrección y el inicio de una era de paz y armonía universal. El Mesías es la indicación para el hombre de que se ha completado "la Corrección" y no, tal como se ha entendido erróneamente, el medio en sí mismo para la corrección.

Midrash Rabá - Colección de interpretaciones, reflexiones poéticas y homilías en la Torá y los Cinco Rollos.

Mikvé - Un cuerpo de agua mediante el cual el individuo envuelto en Din se lleva a un equilibrio espiritual. Más específicamente para las mujeres después del tiempo de *Nidá* (ver abajo). También lo usan los hombres para eliminar *klipot* y así expandir su desarrollo espiritual.

Mayim Jaim (agua viva), como manantiales, ríos, etc. El agua de la *mikvé* es un canal extremadamente poderoso para la energía positiva.

Mishná - Enseñanzas orales del Judaísmo – colección de escritos de los *Tanaim* sobre todos los aspectos del Judaísmo.

Nefesh - Nivel más bajo de los cinco niveles del alma. Asociado con la *Sefirá* de *Maljut*.

Neshamá - Tercero de los cinco niveles del alma. Asociado con la *Sefirá* de *Biná*.

Nétsaj - Victoria – Cuarta de las Siete *Sefirot* – Carroza de Moisés.

Nidá - Periodo de menstruación más los siete días limpios posteriores. Durante este tiempo la mujer tiene una energía adicional de la Columna Izquierda. Un tiempo de perturbación metafísica en la mujer neutralizado sólo con la inmersión en la *mikvé* siete días después del cese de la menstruación.

Niglé - Revelado – específicamente el aspecto revelado de la *Torá*, *Talmud*, *Halajá*, etc.

Nistar - Sabiduría oculta y escondida de la Torá.

Olam Ein Sof - Ver Ein Sof.

Olamot - Marco de referencia utilizado en el estudio de la Kabbalah; habitualmente conectado con varios grados del *Deseo de recibir*.

Or - Luz – La Emanación Suprema del Creador.

Or Ein Sof - Luz del Infinito.

Or Makif - Luz Circundante. La Luz espiritual que rodea a cada individuo. Es la tarea de cada persona atraer esta Luz Circundante hacia ella y así elevarse espiritualmente.

Or Penimí - Luz Interna. La energía interior de un ser humano que le mantiene físicamente. La energía responsable de todo el crecimiento físico.

Pan de la Vergüenza - Vergüenza por recibir aquello que no nos hemos ganado.

Partzuf - Estructura completa.

Punto Medio - Nombre de la cuarta fase de Ein Sof. Se llama el punto medio por su unidad absoluta con la Luz infinita de Dios.

Sefirot - Las Vasijas a través de las cuales la Luz del Creador emana al hombre.

Sefer Yetsirá - *Libro de la Formación*. Primera obra kabbalística conocida que contiene, en un lenguaje conciso y marcadamente esotérico, las enseñanzas de la Kabbalah. Atribuido a Avraham el Patriarca o Rav Akivá.

Shabat - El día final de cada semana (sábado), cuando la humanidad está envuelta únicamente en positividad.

Similitud de forma - Cuando el *Deseo de recibir* está en equilibrio con el *Deseo de impartir*, entonces se crea una situación en la cual el individuo *Recibe con el propósito de impartir*. Una "similitud de forma" se produce cuando el impartir del individuo es similar al del Creador, y por lo tanto tiene lugar una unión entre en individuo y la Luz de Dios.

Sitrei Torá - Las enseñanzas ocultas más profundas de la Torá recibidas sólamente a través de revelación Divina.

Sod - Significado interno y oculto.

Tamei Torá - Las razones de la Torá – Las enseñanzas a través de las cuales uno descubre los significados internos y verdaderos de la Torá y así se eleva a los niveles más elevados de espiritualidad.

Talmud - Forma escrita de la Ley Oral. La obra principal de los estudios judaicos. Una compilación de *Mishná, Tosafot, Guemará*.

Talmud Eser Sefirot – *Las Diez Emanaciones Luminosas*. Un estudio de las emanaciones de las *Sefirot*, vital para entender con profundidad cómo funciona el universo. Escrito por Rav Yehudá Áshlag.

Tanaim - Maestros de la Ley Judía del siglo I al III. Sus enseñanzas se conocen como *Mishná*.

Tefilín - Filacterias – pequeñas cajas negras que contienen ciertas porciones de la Torá. Los *Tefilín* se colocan en el brazo izquierdo y la cabeza. Los *Tefilín* del brazo son para atar y contener la Columna Izquierda del *Deseo de recibir sólo para uno mismo* – para convertirlo en un *Deseo de recibir con el propósito de impartir* – un equilibrio de la Izquierda en armonía con la Derecha. Los *Tefilín* de la cabeza son para conectarse con la energía positiva y la conciencia cósmica y pura.

Tikunei HaZóhar - Sección separada del *Zóhar* escrita por Rav Shimón bar Yojái que no está contenida en el cuerpo principal del *Zóhar*. Sus enseñazas están específicamente creadas para la Era del Mesías.

Torá - En su sentido más amplio, la doctrina entera de la humanidad, escrita y oral, incluyendo todos los comentarios, pasados y futuros. En su sentido más restringido, se refiere al *Pentateuco*, los *Cinco Libros de Moisés*.

Tosfat Shabat - El alma extra que recibimos en *Shabat* y que nos permite alcanzar un nivel más elevado de conciencia espiritual. Mediante el *Tosfat Shabat*, nuestra Vasija para recibir se expande ampliamente, lo cual nos permite atraer mucha más fuerza positiva de la que normalmente sería posible.

Tumá - Sucio, impuro. Un estado de desequilibrio metafísico total. Cuando hay una manifestación del *Deseo de recibir sólo para uno mismo*, el desequilibrio resultante es la energía de *Tumá*.

Tzimtzum - El rechazo o la restricción voluntaria de la Luz Divina en el mundo de *Ein Sof* debido al Pan de la Vergüenza y el deseo de identificarnos con la esencia de compartir e impartir. En los mundos inferiores, esta restricción deja de ser voluntaria sino impuesta, y constituye una de las reglas básicas según las cuales debe funcionar nuestro mundo físico.

Vasija - Contenedores de la Luz Divina derivados del *Deseo de recibir* y que crecen en grosor de nivel a nivel hasta que son congruentes con el mundo de los sentidos, en el cual la Luz es prácticamente invisible. También referida como energía encapsulada.

Vasijas Inferiores - las Vasijas que tienen más *Deseo de recibir*.

Velos - Barreras metafísicas creadas por nuestras acciones negativas. Los velos se niegan a entrar en la Luz del Creador y limitan totalmente el potencial espiritual de las personas.

Yejidá - Nivel más elevado del alma. Unidad y unicidad total con la Luz de Dios. Un nivel inalcanzable hasta la llegada del Mesías. Asociado con la *Sefirá* de *Kéter*.

Yesh MiAyin - Algo de Nada.

Yesod - Sexta de las *Siete Sefirot*. La *Sefirá* a través de la cual se emana toda la Luz a nuestro mundo – Carroza de *Yosef* (José).

Yetzer haRá – Inclinación de la humanidad al mal. El *Deseo de recibir sólo para uno mismo*.

MÁS PRODUCTOS QUE PUEDEN AYUDARTE A INCORPORAR LA SABIDURÍA DE LA KABBALAH EN TU VIDA

Días de Poder
Por Rav Berg

Según la Kabbalah, las festividades, las lunas nuevas y los aniversarios de muerte de las almas iluminadas son momentos cósmicos para beneficiarnos de las energías de transformación. Cada mes presenta una oportunidad de conectarnos con bendiciones únicas. En Días de poder, el erudito Kabbalista Rav Berg describe las ceremonias espirituales asociadas con las festividades y explica su significado con profundidad, precisión y pasión, ofreciéndonos una conciencia que podemos utilizar para infundir positividad en nuestras vidas. El Rav da vida a las festividades, que pasan de ser conmemoraciones de acontecimientos históricos a oportunidades dinámicas para el cambio y el crecimiento. Desde esta perspectiva, observar las festividades no es una obligación religiosa, sino una elección que podemos hacer con el propósito de transformarnos a nosotros mismos y al mundo que nos rodea.

En la primera parte, el Rav Berg ofrece una comprensión profunda y explica la preparación para los primeros meses del año, empezando con Rosh Hashaná.

En la segunda parte, el Rav Berg ofrece una comprensión profunda y explica la preparación para los últimos ocho meses del año, desde Janucá (Capricornio) a Tu BeAv, el Día del Amor (Leo)

Inmortalidad
Por Rav Berg

Este libro cambiará la forma en que percibes el mundo, si abordas su contenido con una mente y un corazón abiertos. La mayoría de las personas, entienden la vida al revés y temen y luchan contra lo que perciben como inevitable: el envejecimiento y la muerte. Pero según el gran Kabbalista Rav Berg y la antigua sabiduría de la Kabbalah, lo que es inevitable es la vida eterna. Con un cambio radical en nuestra conciencia cósmica, y la transformación de la conciencia colectiva que vendrá a continuación, podremos provocar la desaparición de la fuerza de la muerte de una vez por todas, en esta "vida".

Nano: Tecnología de la mente sobre la materia
Por Rav Berg

Kabbalah es todo acerca de obtener el control sobre el mundo físico, incluyendo nuestra vida personal, en el nivel más fundamental de la realidad. Se trata de alcanzar y extender el poder de mente sobre materia y desarrollar la habilidad de crear plenitud, alegría, y felicidad al controlar todo al nivel más básico de existencia. De esta manera, Kabbalah es anterior y presagia la tendencia más apasionante en los desarrollos científicos y tecnológicos más recientes, la aplicación de la nanotecnología a todas las áreas de la vida para crear resultados mejores, más fuertes, y más eficientes. En Nano, el Rav desmitifica la conexión que hay entre la antigua sabiduría de la Kabbalah y el pensamiento científico actual, y muestra como la unión de ambos pondrá fin al caos en un futuro previsible.

EL CENTRO DE KABBALAH

¿Qué es el Centro de Kabbalah?

El Centro de Kabbalah es una organización espiritual dedicada a traer la sabiduría de la Kabbalah al mundo. El Centro de Kabbalah ha existido como tal desde hace más de 80 años, pero su linaje espiritual se extiende hasta Rav Isaac Luria en el siglo XVI y más atrás, hasta Rav Shimón bar Yojái, quien reveló el Zóhar, el texto principal de la Kabbalah, hace más de 2.000 años.

El Centro de Kabbalah fue fundado en 1922 por Rav Yehudá Áshlag, uno de los más grandes Kabbalistas del siglo XX. Cuando Rav Áshlag dejó este mundo, el liderazgo del Centro fue asumido por Rav Yehudá Brandwein. Antes de su fallecimiento, Rav Brandwein designó a Rav Berg como director del Centro de Kabbalah. Durante más de 30 años, El Centro de Kabbalah ha estado bajo la dirección del Rav Berg, su mujer Karen Berg y sus hijos, Yehudá Berg y Michael Berg.

Aunque hay muchos estudios de Kabbalah, El Centro de Kabbalah no enseña Kabbalah como una disciplina académica, sino como una forma de crear una vida mejor. La misión de El Centro de Kabbalah es hacer que las herramientas prácticas y las enseñanzas espirituales de la Kabbalah estén disponibles para todo el mundo.

El Centro de Kabbalah no hace ninguna promesa. Pero si las personas están dispuestas a trabajar duro y a convertirse activamente en individuos tolerantes que comparten y se ocupan de los demás, la Kabbalah afirma que experimentarán una plenitud y una felicidad desconocidas para ellos hasta ahora. Sin embargo, esta sensación de plenitud aparece de forma gradual y es el resultado del trabajo espiritual del estudiante.

Nuestro objetivo final es que toda la humanidad obtenga la felicidad y la plenitud que son su verdadero destino.

La Kabbalah enseña a sus estudiantes a cuestionarse y a poner a prueba todo lo que aprenden. Una de las enseñanzas más importantes de la Kabbalah es que no hay coerción en la espiritualidad.

¿Qué ofrece El Centro de Kabbalah?

Los Centros de Kabbalah locales de todo el mundo ofrecen charlas, clases, grupos de estudio, celebraciones de festividades y servicios, además de una comunidad de profesores y compañeros estudiantes. Para encontrar tu Centro más cercano, visita www.kabbalah.com /espanol.

Para aquellos de ustedes que no puedan acceder a un Centro de Kabbalah físico debido a restricciones geográficas o de tiempo, les ofrecemos otras formas de participar en la comunidad del Centro de Kabbalah.

En www.kabbalah.com/espanol te ofrecemos blogs, boletines, sabiduría semanal, tienda online y mucho más.

Es una forma estupenda de estar informado y en contacto, además de brindarte acceso a programas que expandirán tu mente y te retarán a continuar tu trabajo espiritual.

RAV BERG nació el 20 de agosto de 1927 en Nueva York, EE. UU. Tras muchos años de estudio religioso tradicional, fue ordenado como rabino en Torah VaDaat. Fue un hombre de negocios que quería hacer una diferencia en este mundo y siempre estaba en la búsqueda de su camino verdadero. Luego de tener la oportunidad de conocer a Rav Yehuda Brandwein, Rav Berg supo que había encontrado a su maestro, y se mudó a Israel para estudiar con Rav Brandwein en el Centro de Kabbalah. Después de regresar a Nueva York, Rav Berg se mantuvo en contacto por medio de cartas con Rav Brandwein, quien le confirió su legado como director del Centro de Kabbalah.

Rav Berg se fijó la misión de continuar editando, escribiendo, imprimiendo y distribuyendo todo lo que aprendió de su maestro, y comenzó a compartir los secretos de los textos kabbalísticos que históricamente habían sido reservados para eruditos. Su libro Iniciación a la Kabbalah fue el paso revolucionario que hizo que la Kabbalah estuviese al acceso de todos. Otros libros de Rav Berg son: La conexión kabbalística, Ruedas del alma: la reencarnación y la Kabbalah, El poder del uno, La energía de las letras hebreas, Inmortalidad, Nano, The Kabbalah Method (El método kabbalístico, sólo en inglés), Taming Chaos (Dominar el caos, sólo en inglés) y Educación de un kabbalista.

Junto a su esposa Karen, Rav Berg abrió las puertas del Centro de Kabbalah a todo aquel que desee aprender esta sabiduría universal. Rav Berg partió de este mundo en septiembre de 2013 y Karen Berg lo hizo en Julio de 2020. Luego de la partida de ambos su hijo Michael Berg continúa su visión y su trabajo como Director del Centro de Kabbalah.